SSAFY
삼성 청년 SW아카데미
SW적성진단

CT 주관식 | 단기완성

시대에듀

2024 시대에듀 All-New 13기 모집대비
싸피 SSAFY(삼성 청년 SW아카데미) SW적성진단 CT 주관식 단기완성

Always **with you**

사람의 인연은 길에서 우연하게 만나거나 함께 살아가는 것만을 의미하지는 않습니다.
책을 펴내는 출판사와 그 책을 읽는 독자의 만남도 소중한 인연입니다.
시대에듀는 항상 독자의 마음을 헤아리기 위해 노력하고 있습니다. 늘 독자와 함께하겠습니다.

머리말 PREFACE

SSAFY는 SAMSUNG SOFTWARE ACADEMY FOR YOUTH의 줄임말로 삼성 청년 SW 아카데미를 뜻한다. SSAFY는 삼성의 SW 교육 경험과 고용노동부의 취업지원 노하우를 바탕으로 취업 준비생에게 SW 역량 향상 교육 및 다양한 취업지원 서비스를 제공하여 취업에 성공하도록 돕는 프로그램으로 기수별 1,150명, 연간 2,300명의 청년을 대상으로 교육을 진행한다.

삼성 청년 SW 아카데미에 입과하려면 SW적성진단 시험에 통과하여야 한다. SW적성진단은 온라인으로 진행되며 객관식과 주관식 문제가 출제된다. 객관식은 수리/추리 논리력을 진단하며, 주관식은 Computational Thinking에 대해 진단한다.

이에 시대에듀에서는 SSAFY 입과를 준비하는 수험생들이 보다 효율적으로 대비할 수 있도록 다음과 같은 특징의 본서를 출간하게 되었다.

도서의 특징

❶ Computational Thinking 영역별 유형학습을 수록하여 주관식 평가에 대비할 수 있도록 하였다.

❷ 주관식 문제로 구성한 SW적성진단 최종점검 모의고사 3회분을 수록하여 실전처럼 연습할 수 있도록 하였다.

❸ 에세이 및 PT 면접 대비 핵심 키워드 PDF를 제공하여 한 권으로 삼성 청년 SW 아카데미 입과에 필요한 모든 과정을 준비할 수 있도록 하였다.

끝으로 본서를 통해 삼성 청년 SW 아카데미 입과를 준비하는 모든 수험생에게 합격의 행운이 따르기를 진심으로 기원한다.

SDC(Sidae Data Center) 씀

SSAFY 이야기

◇ **SSAFY란?**

삼성 청년 SW 아카데미(SSAFY)는 삼성의 SW 교육 경험과 고용노동부의 취업지원 노하우를 바탕으로 취업 준비생에게 SW 역량 향상 교육 및 다양한 취업지원 서비스를 제공하여 취업에 성공하도록 돕는 프로그램이다.

1 **최고 수준의 교육을 제공한다.**

전문분야별 자문교수단과 삼성의 SW 전문가가 함께 참여한 명품 커리큘럼을 제공하여 경쟁력 있는 차세대 SW 인력을 양성한다.

2 **맞춤형 교육을 제공한다.**

SW 전공자와 비전공자의 수준에 따라 맞춤형 교육을 제공하여 최적의 학습 효과를 지향한다.

3 **자기주도적 학습을 지향한다.**

단순히 지식을 전달하기보다 스스로 문제를 해결할 수 있는 역량을 강화시키고, 기업에서 실제로 수행하는 형태의 프로젝트를 통해 실무 적응력을 향상시킨다.

4 **취업 경쟁력을 높일 수 있는 효율적인 취업지원 서비스를 제공한다.**

고용노동부의 취업지원 노하우를 기반으로 교육생에게 최적의 일자리 정보를 제공하고 취업 실전 교육과 컨설팅 서비스를 통해 취업에 성공하도록 지원한다.

◇ **비전**

SSAFY는 SW 경쟁력을 강화시켜
IT 생태계 저변을 넓히고 대한민국 청년 취업 경쟁력을 향상시킨다.

◇ 인재상

SSAFY는 문제해결능력을 갖춘
경쟁력 있는 차세대 SW 인력을 양성한다.

논리적 사고	열정	학습의지
SW의 개념과 원리를 이해하고 규칙을 찾아 문제를 해결하는 인재	열정과 도전정신으로 교육에 적극 참여하는 인재	지속적으로 학습하고 교육에 몰두하여 목표를 성취하는 인재

삼성 청년 SW 아카데미는 **논리적 사고력과 SW에 대한**
호기심을 바탕으로 한 **열정과 학습의지**가 넘치는 젊은 인재와 함께한다.

◇ 지원자격

구분	내용
대상	• 연령 : 만 29세 이하 • 학력 : 국내외 4년제 대학(학사 이상) 졸업자 및 졸업 예정자(전공 무관)
재직 여부	• 현재 미취업자 대상 • 인터뷰일로부터 본교육 시작일 전까지 재직(예정)자 지원 불가(사업장 건강보험 및 국민연금 기입 여부 기준) ※ 졸업 예정자는 취업 여부 무관 지원 가능
기타	• 교육 시작일에 교육 입과 가능한 자 • 입과 후 1년간 SSAFY 교육에 온전히 집중할 수 있는 자 • 교육 기간 중 통학 가능한 자(별도 숙소 제공 없음) • 병역필 또는 면제자로 해외여행에 결격 사유가 없는 자 ※ 교육 시작일 전까지 병역의무 완료 예정자 포함 ※ 교육 기간 중 취업할 경우, 해당 업체 입사 전에 개별적으로 퇴소

SSAFY 입과 안내

◇ **교육생 지원내용**

전문화된 SW 교육 제공

SW 역량을 향상시키고 취업에 도움이 될 수 있도록 다양한 실전 학습 기회가 주어진다.
(삼성 SW 역량 테스트 응시 기회 제공, 경진 대회 실시 등)

교육지원금 지급

SW 교육에 온전히 집중할 수 있도록 매월 100만 원의 교육지원금을 지급한다.

국내외 연구소 실습 기회 부여

우수 교육생을 선발하여 국내외 연구소의 실습 기회를 제공한다.
(삼성전자 해외연구소 등)

우수 교육생 시상

교육 성적 우수자, SW 등급 취득자 등 우수 교육생을 위한 다양한 시상 제도를 실시한다.

개인별 진로상담 및 취업지원 서비스 제공

맞춤형 일자리 정보 및 취업 실전 역량 교육과 컨설팅 서비스를 통해
취업에 성공할 수 있도록 지원한다.

◇ 모집절차

지원서 접수   SW적성진단   인터뷰   입과

◇ SW적성진단

SW적성진단은 지원서상 선택한 전공기준으로 구분하여 실시한다.

구분	내용
SW전공	기초 코딩 테스트를 통한 기본적인 SW역량 확인 (Python, Java, C/C++ 중 사용 가능한 언어 선택)
SW비전공	SW학습에 필요한 기본적인 사고력, 추론능력 확인 (수리/추리 논리력, Computational Thinking 진단으로 구성)

◇ SW적성진단(SW비전공) 출제정보

구분	수리/추리 논리력	Computational Thinking 진단	주의사항
문제 유형	객관식	단답형 주관식	수리/추리 논리력 완료 후 Computational Thinking 진단 응시가 가능
문항 수	15문항	25문항	–
제한 시간	30분	40분	진단별 제한 시간 초과 시 자동 제출
최대 접속 횟수	10회		2개의 진단을 합쳐 10회까지 재접속 가능
응시 가능 시간	응시 시작 30분 전부터 SW적성진단 준비화면 접속이 가능하다. 최초 응시 및 진단 시작 후, 제한 시간 이내에 모든 진단을 완료해야 한다.		

※ 세부사항은 변경될 수 있으니 반드시 지원 전 공고를 확인하기 바랍니다.

입과 후 교육과정

◇ **교육과정 특징**

문제해결능력을 갖춘 경쟁력 있는 **차세대 SW 인력 양성**

**몰입형
집중 코딩 교육**

- 실습 중심의 강도 높은 코딩 교육을 실시한다.
- 미션 달성에 따라 레벨이 올라가는 학습방식(Gamification)을 적용하여 교육 몰입도를 높인다.

**실전형
자기주도 학습**

- 실제 업무와 유사한 형태의 프로젝트를 수행하면서 협업능력과 문제해결역량을 쌓을 수 있다.
- 학습자 간 코드 리뷰, 페어 프로그래밍 등 상호학습을 지향한다.

**성과창출형
교육**

- 경진대회, SW테스트 등을 통해 자신의 실력을 주기적으로 측정할 기회를 제공한다.
- 모든 PJT는 Git를 활용하며, PJT 수행결과가 곧 개인의 포트폴리오가 된다.

◇ 교육과정 로드맵

기본과정(5개월)	1차 Job Fair(1개월)
목표 : 기초 코딩 역량을 갖춘 신입 SW 개발자 양성 내용 : SW 필수 지식과 알고리즘 중심의 몰입형 코딩 교육, 수준별 분반 운영	내용 : 취업역량 향상 집중교육(수준별 분반 운영), 개인별 취업지원 서비스 제공, 취업활동 및 채용정보 중점 지원, 해외연수(성적 우수자 대상), 계절학기 운영(SW 수준별)
심화과정(5개월)	**2차 Job Fair(1개월)**
목표 : 프로젝트 기반의 자기주도형 학습을 통한 실전형 SW 개발자 양성 내용 : 교육생 수준에 맞는 자기주도형 프로젝트 수행, 실무 환경과 동일한 개발방식 활용	내용 : 채용 박람회 개최, 개인별 맞춤형 경력 설계, 개인별 취업지원 서비스 제공, 취업활동 및 채용정보 중점 지원

◇ SSAFY 커리큘럼

SSAFY 기본과정 커리큘럼	알고리즘 기반의 코딩역량을 향상시켜 SW 개발자로서의 기초를 탄탄히 다지고, 웹, 임베디드, IoT의 핵심 기술을 집중 탐구하여 다양한 경험과 문제해결능력을 보유한 인재로 성장한다.
SSAFY 심화과정 커리큘럼	SW 실전역량 강화를 위한 프로젝트 기반의 자기주도형 학습으로 실무역량 향상 및 취업 경쟁력을 강화할 수 있다. **프로젝트 과제 선정** • 취업 포트폴리오 관리 : 취업 포트폴리오 관리로 취업 준비생의 신뢰성과 전문성 보증 • 현업 유사 프로젝트 : 현업과 유사한 프로젝트 주제로 실습을 진행하여 실전 개발 역량 강화 • 4차 산업혁명 기술 : 4차 산업혁명 기술 활용 역량 강화를 통한 취업 우대 기술 확보 **프로젝트 수행** • 공통 프로젝트 : 비전공자/전공자가 한 팀으로 구성되어 웹 기반의 기술을 공통적으로 학습하여 원하는 웹 서비스 구현 • 특화 프로젝트 : 4차 산업혁명 중 본인이 흥미 있는 특화기술을 익히고 신기술 프로젝트 진행 • 자율 프로젝트 : 자유롭게 본인의 아이디어 기획 및 명세서를 스스로 작성하고 1 · 2학기 동안 학습한 다양한 기술들을 활용하여 나만의 포트폴리오 완성

STRUCTURES
도서 200% 활용하기

대표유형

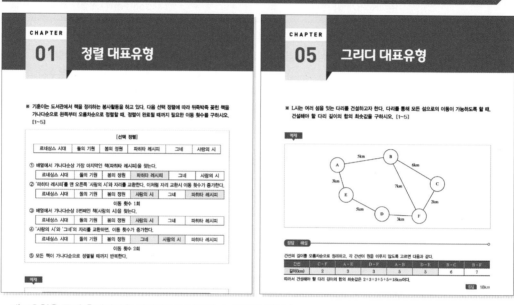

▶ 대표유형을 통해 출제영역을 체계적으로 파악할 수 있도록 하였다.

유형점검

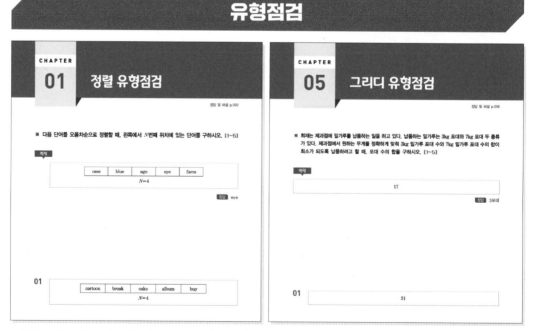

▶ 유형점검을 통해 출제유형별 세부적인 학습이 가능하도록 하였다.

최종점검 모의고사

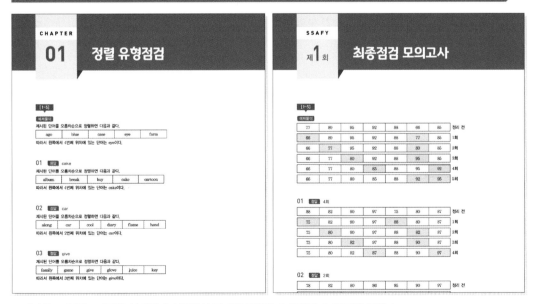

▶ CT 주관식 모의고사 3회분을 수록하여 자신의 실력을 스스로 점검할 수 있도록 하였다.

정답 및 해설

▶ 정답을 도출하는 과정을 상세하게 설명하여 문제를 정확하게 이해할 수 있도록 하였다.

이 책의 차례

PART 1

CT 유형학습

정렬 대표유형

※ 기훈이는 도서관에서 책을 정리하는 봉사활동을 하고 있다. 다음 선택 정렬에 따라 뒤죽박죽 꽂힌 책을 가나다순으로 왼쪽부터 오름차순으로 정렬할 때, 정렬이 완료될 때까지 필요한 이동 횟수를 구하시오. **[1~5]**

[선택 정렬]

르네상스 시대	돌의 기원	봄의 정원	파히타 레시피	그네	사랑의 시

① 배열에서 가나다순상 가장 마지막인 책(파히타 레시피)을 찾는다.

르네상스 시대	돌의 기원	봄의 정원	파히타 레시피	그네	사랑의 시

② '파히타 레시피'를 맨 오른쪽 '사랑의 시'와 자리를 교환한다. 이처럼 자리 교환 시 이동 횟수가 증가한다.

르네상스 시대	돌의 기원	봄의 정원	사랑의 시	그네	파히타 레시피

이동 횟수 : 1회

③ 배열에서 가나다순상 5번째인 책(사랑의 시)을 찾는다.

르네상스 시대	돌의 기원	봄의 정원	사랑의 시	그네	파히타 레시피

④ '사랑의 시'와 '그네'의 자리를 교환하면, 이동 횟수가 증가한다.

르네상스 시대	돌의 기원	봄의 정원	그네	사랑의 시	파히타 레시피

이동 횟수 : 2회

⑤ 모든 책이 가나다순으로 정렬될 때까지 반복한다.

예제

지질학	지구과학	사회학	수학	물리학	국어

정답 해설

지질학	지구과학	사회학	수학	물리학	국어	정리 전
국어	지구과학	사회학	수학	물리학	지질학	1회
국어	물리학	사회학	수학	지구과학	지질학	2회

정답 2회

01

화성학	한국사	모의고사	운동방법	매일영어	이탈리아어

정답 해설

화성학	한국사	모의고사	운동방법	매일영어	이탈리아어	정리 전
이탈리아어	한국사	모의고사	운동방법	매일영어	화성학	1회
이탈리아어	매일영어	모의고사	운동방법	한국사	화성학	2회
운동방법	매일영어	모의고사	이탈리아어	한국사	화성학	3회
모의고사	매일영어	운동방법	이탈리아어	한국사	화성학	4회
매일영어	모의고사	운동방법	이탈리아어	한국사	화성학	5회

정답 5회

02

인간관계론	유전자	실무	하이디	자율학습	서스펜스

정답 해설

인간관계론	유전자	실무	하이디	자율학습	서스펜스	정리 전
인간관계론	유전자	실무	서스펜스	자율학습	하이디	1회
서스펜스	유전자	실무	인간관계론	자율학습	하이디	2회
서스펜스	실무	유전자	인간관계론	자율학습	하이디	3회

정답 3회

03

결성	호기심	체대입시	농구게임	크리에이터	기적

정답 해설

결성	호기심	체대입시	농구게임	크리에이터	기적	정리 전
결성	기적	체대입시	농구게임	크리에이터	호기심	1회
결성	기적	농구게임	체대입시	크리에이터	호기심	2회

정답 2회

04

스웨덴어	심리학	투자방법론	투자산업	메시지	암기법

정답 해설

스웨덴어	심리학	투자방법론	투자산업	메시지	암기법	정리 전
스웨덴어	심리학	투자방법론	암기법	메시지	투자산업	1회
스웨덴어	심리학	메시지	암기법	투자방법론	투자산업	2회
스웨덴어	메시지	심리학	암기법	투자방법론	투자산업	3회
메시지	스웨덴어	심리학	암기법	투자방법론	투자산업	4회

정답 4회

05

여행일기	도시인류학	고전안내서	프레지던트	해방일지	슈퍼마켓

정답 | 해설

여행일기	도시인류학	고전안내서	프레지던트	해방일지	슈퍼마켓	정리 전
여행일기	도시인류학	고전안내서	프레지던트	슈퍼마켓	해방일지	1회
여행일기	도시인류학	고전안내서	슈퍼마켓	프레지던트	해방일지	2회
슈퍼마켓	도시인류학	고전안내서	여행일기	프레지던트	해방일지	3회
고전안내서	도시인류학	슈퍼마켓	여행일기	프레지던트	해방일지	4회

정답 4회

PART 1

CT 유형학습

※ 다음 단어를 오름차순으로 정렬할 때, 왼쪽에서 N번째 위치에 있는 단어를 구하시오. [1~5]

예제

case	blue	ago	eye	farm

$N=4$

정답 eye

01

cartoon	break	cake	album	buy

$N=4$

02

car	hand	along	flame	diary	cool

$$N=2$$

03

glove	family	give	game	juice	key

$$N=3$$

04

ice	fast	half	day	seal	dam	leaf

$N=4$

05

guitar	hair	moth	dirty	drag	lie	map

$N=6$

※ S사에 근무하고 있는 세은이는 고객 관리를 위해 고객 명단을 정리하고자 한다. 다음 선택 정렬에 따라 고객 이름을 가나다순으로 왼쪽부터 오름차순으로 정렬할 때, 정렬이 완료될 때까지 필요한 이동 횟수를 구하시오. [6~10]

[선택 정렬]

3	8	2	7	6	4

① 주어진 리스트에서 가장 작은 값인 2를 가장 앞에 위치한 3과 교환한다.

3	8	2	7	6	4	→	2	8	3	7	6	4

이동 횟수 : 1회

② 고정된 1번째 값을 제외한 나머지 값에서 가장 작은 값인 3을 2번째 값인 8과 교환한다.

2	8	3	7	6	4	→	2	3	8	7	6	4

이동 횟수 : 2회

③ 고정된 1번째 값, 2번째 값을 제외한 나머지 값에서 가장 작은 값인 4를 3번째 값인 8과 교환한다.

2	3	8	7	6	4	→	2	3	4	7	6	8

이동 횟수 : 3회

④ 고정된 1번째 값, 2번째 값, 3번째 값을 제외한 나머지 값에서 가장 작은 값인 6을 4번째 값인 7과 교환한다.

2	3	4	7	6	8	→	2	3	4	6	7	8

이동 횟수 : 4회

⑤ 고정된 1번째 값, 2번째 값, 3번째 값, 4번째 값을 제외한 나머지 값 7, 8이 오름차순으로 정렬되어 있으므로 정렬이 완료되었다.

2	3	4	6	7	8

예제

하지연	김민석	정대현	박희진	이주연	신윤희

정답 5회

06

이유연	정세훈	오영민	한유호	지수혁	김도형

07

차영재	박시연	송동하	진재우	오윤미	김사랑

08

윤미지	조세희	신용재	곽재우	김윤철	이지현

09

| 김성준 | 윤도경 | 유연재 | 현민석 | 안영민 | 현민준 |

10

| 양희정 | 이연석 | 정윤진 | 신이현 | 김성원 | 유희재 |

※ 현우는 불규칙적으로 놓여 있는 숫자 카드를 정리하고자 한다. 다음 삽입 정렬에 따라 숫자 카드를 왼쪽부터 오름차순으로 정렬할 때, 정렬을 위한 순서 변경이 있을 때를 1회 이동한 것으로 본다면, a회 이동 후 왼쪽으로부터 b번째에 놓인 수를 구하시오(단, a회 도달 전에 정렬이 완료되면 완료된 정렬의 b번째 수를 구한다). [11~15]

[삽입 정렬]

7	4	1	5	2	8

① 주어진 리스트에서 2번째 값인 4를 앞에 위치한 7과 비교하여 작은 값인 4가 맨 앞에 오도록 한다.

7	4	1	5	2	8	→	4	7	1	5	2	8

이동 횟수 : 1회

② 3번째 값인 1을 앞에 위치한 4, 7과 비교하여 가장 작은 값인 1이 맨 앞에 오도록 한다.

4	7	1	5	2	8	→	1	4	7	5	2	8

이동 횟수 : 2회

③ 4번째 값인 5를 앞에 위치한 1, 4, 7과 비교하여 4보다 크고 7보다 작은 5가 7 앞에 오도록 한다.

1	4	7	5	2	8	→	1	4	5	7	2	8

이동 횟수 : 3회

④ 5번째 값인 2를 앞에 위치한 1, 4, 5, 7과 비교하여 1보다 크고 4보다 작은 2가 4 앞에 오도록 한다.

1	4	5	7	2	8	→	1	2	4	5	7	8

이동 횟수 : 4회

⑤ 마지막 값인 8을 앞에 위치한 1, 2, 4, 5, 7과 비교했을 때 8이 가장 크므로 정렬이 완료되었다.

1	2	4	5	7	8

예제

13	2	33	45	15

$a=2$, $b=2$

정답 13

11

24	10	35	5	74

$a=2,\ b=4$

12

17	41	2	77	120

$a=4,\ b=2$

13

10	85	42	32	55

$a=3,\ b=4$

14

65	27	75	14	24

$a=2,\ b=5$

15

5	45	15	28	43

$a=4,\ b=4$

※ 은희는 불규칙적으로 놓여 있는 단어 카드를 정리하고자 한다. 다음 버블 정렬에 따라 단어 카드를 알파벳순으로 왼쪽부터 오름차순으로 정렬할 때, 정렬이 완료될 때까지 필요한 회전수를 구하시오. [16~20]

[버블 정렬]

8	5	7	1	4	2

① 주어진 리스트에서 1번째 값인 8과 2번째 값인 5를 비교하여 작은 값인 5가 앞에 오도록 한다.

8	5	7	1	4	2	→	5	8	7	1	4	2

② 2번째 값인 8과 3번째 값인 7을 비교하여 작은 값인 7이 앞에 오도록 한다.

5	8	7	1	4	2	→	5	7	8	1	4	2

③ 이 작업을 반복하여 (N−1)번째 값과 N번째 값까지 비교한다. N번째 값이 고정되면 1회전한 것으로 본다.

5	7	8	1	4	2	→	5	7	1	8	4	2
→	5	7	1	8	4	2	→	5	7	1	4	8	2
→	5	7	1	4	8	2	→	5	7	1	4	2	8
→	5	7	1	4	2	8							

④ 리스트의 모든 숫자가 고정될 때까지 고정되지 않은 숫자들에 한해서 ①~③ 과정을 반복한다.

예제

banana	lemon	ice	grey	cool

정답 3회전

16

sea	yellow	bus	cloud	zero

17

blue	brown	wood	tea	south

18

study	white	cherry	flower	eye

19

enemy	about	hand	water	green

20

apple	silver	message	number	purple

※ 다음 그림과 같이 직사각형 밭의 한 변에 말뚝 a개를 박고 맞은편에 말뚝 b개를 박은 후 양쪽 말뚝끼리
   이어 구역을 나누고자 한다. 모든 말뚝이 연결될 필요는 없으나 개수가 적은 쪽의 말뚝은 모두 연결되어
   야 하며, 이은 말뚝끼리 교차되어서는 안 된다. 이때 구역을 나눌 수 있는 경우의 수를 구하시오(단,
   1개의 말뚝은 2개 이상의 말뚝과 연결할 수 없다). [1~5]

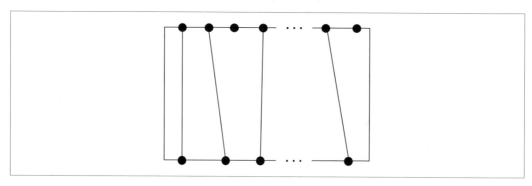

예제

$$a=5, \ b=3$$

정답 | 해설

개수가 많은 쪽의 말뚝에서 개수가 적은 쪽의 말뚝의 개수만큼 고르면 된다.
1개의 말뚝은 2개 이상의 말뚝과 연결할 수 없으므로 중복을 허용하지 않기 때문에 조합 공식을 이용하여 풀이한다.

$$_n\mathrm{C}_r = \frac{n!}{r!(n-r)!}$$

따라서 구역을 나눌 수 있는 경우의 수는 $_5\mathrm{C}_3 = \dfrac{5!}{3! \times 2!} = \dfrac{5 \times 4}{2 \times 1} = 10$가지이다.

정답 10가지

01

$$a=6, \ b=3$$

$$_6\mathrm{C}_3 = \frac{6!}{3! \times 3!} = \frac{6 \times 5 \times 4}{3 \times 2 \times 1} = 20$$

정답 20가지

02

$$a=7, \ b=5$$

정답 해설

$$_7\mathrm{C}_5 = \frac{7!}{5! \times 2!} = \frac{7 \times 6}{2 \times 1} = 21$$

정답 21가지

03

$$a=9, \ b=9$$

정답 해설

$$_9\mathrm{C}_9 = 1$$

정답 1가지

04

$$a=8, \ b=12$$

$${}_{12}\mathrm{C}_8 = \frac{12!}{8! \times 4!} = \frac{12 \times 11 \times 10 \times 9}{4 \times 3 \times 2 \times 1} = 495$$

정답 495가지

05

$$a=10, \ b=15$$

$${}_{15}\mathrm{C}_{10} = \frac{15!}{10! \times 5!} = \frac{15 \times 14 \times 13 \times 12 \times 11}{5 \times 4 \times 3 \times 2 \times 1} = 3,003$$

정답 3,003가지

PART 1

CT 유형학습

※ 임의의 수가 적힌 구슬들이 파란색 주머니와 보라색 주머니에 들어 있다. 각 주머니에서 구슬을 1개씩 꺼냈을 때, 파란색 주머니에서 꺼낸 구슬에 적힌 수와 보라색 주머니에서 꺼낸 구슬에 적힌 수의 합의 최댓값을 구하시오. **[1~5]**

예제

> 파란색 주머니 : 1 2 3 6
> 보라색 주머니 : 2 4 5 8

정답 **14**

01

> 파란색 주머니 : 2 4 5 11 13
> 보라색 주머니 : 1 3 6 7 4

02

파란색 주머니 : 3 12 7 6 5 8
보라색 주머니 : 2 8 4 5 5 8

03

파란색 주머니 : 15 10 5 12 7 12 12
보라색 주머니 : 2 7 5 9 6 8 2

04

파란색 주머니 : 13 17 10 12 17 11 15

보라색 주머니 : 8 10 7 12 20 12 9

05

파란색 주머니 : 11 12 2 17 19 5 4 11

보라색 주머니 : 13 1 7 18 6 3 6 6

※ 임의의 수가 적힌 정육면체 모양의 주사위 A, B가 있다. 두 주사위를 한 번씩 던졌을 때 나온 수의
곱의 최댓값을 구하시오. [6~10]

주사위 A : 1 2 3 4 5 6
주사위 B : 1 1 5 5 6 7

정답 42

06

주사위 A : 2 3 4 5 5 5
주사위 B : 2 3 3 7 11 13

07

주사위 A : 1 1 5 7 6 5
주사위 B : 5 6 5 6 5 6

08

주사위 A : 2 4 3 8 10 10
주사위 B : 2 8 5 7 1 4

09

주사위 A : 11 22 33 44 55 66
주사위 B : 11 11 13 13 12 12

10

주사위 A : 3 4 5 4 5 6
주사위 B : 10 11 11 12 12 13

※ 다음 제시된 수는 어떤 두 소수의 곱으로 나타낼 수 있다. 두 소수를 찾으시오(단, 작은 수부터 나열한다).
[11~15]

14

정답 2, 7

11

21

12

65

13

209

14

391

15

493

※ 다음 유클리드 호제법에 대한 설명을 읽고, 주어진 두 자연수의 최대공약수를 구하시오. [16~20]

유클리드 호제법(Euclidean Algorithm)은 2개의 자연수의 최대공약수를 구하는 알고리즘이다.
2개의 자연수 a, b에 대해서 a를 b로 나눈 나머지를 r이라 하면(단, $a>b$), a와 b의 최대공약수는 b와 r의 최대공약수와 같다. 이 성질에 따라 b를 r로 나눈 나머지 r'를 구하고, 다시 r을 r'로 나눈 나머지를 구하는 과정을 반복하여 나머지가 0이 되었을 때 나누는 수가 a와 b의 최대공약수이다.

예 21, 15의 최대공약수

　$21 \div 15 = 1 \cdots 6$이므로 나머지는 6

　$15 \div 6 = 2 \cdots 3$이므로 나머지는 3

　$6 \div 3 = 2 \cdots 0$이므로 나머지는 0

　따라서 21, 15의 최대공약수는 3이다.

 예제

$$a = 78, \ b = 36$$

정답 6

16

$$a = 76, \ b = 12$$

17

$$a = 321, \ b = 123$$

18

$$a = 324, \ b = 96$$

19

$$a=428, \quad b=24$$

20

$$a=512, \quad b=286$$

※ 예진이와 민현이가 1 ~ 10이 적힌 숫자 카드를 이용한 점수 게임을 하고 있다. 1 ~ 5가 적힌 숫자 카드로 이기면 1점을 얻고, 6 ~ 10이 적힌 숫자 카드로 이기면 2점을 얻는다. 반대로 1 ~ 5가 적힌 숫자 카드로 지면 1점을 잃고, 6 ~ 10이 적힌 숫자 카드로 지면 2점을 잃는다. 예진이의 처음 점수는 a점이고, 게임을 N회 실행 후 점수가 b점이 되었다. a점에서 b점이 되기 위한 게임의 최소 실행 횟수 N의 값을 구하시오(단, 비기는 경우 그 게임은 무효로 하며 횟수에 포함시키지 않고, 점수는 음수도 존재한다). **[21~25]**

예제

$$a=5, \ b=1$$

정답 2

21

$$a=2, \ b=6$$

22

$$a=10, \ b=7$$

23

$$a=1, \ b=6$$

24

$$a=8,\ b=-3$$

25

$$a=-7,\ b=14$$

※ 3개의 길이 있다. 왼쪽에서 출발하여 오른쪽 끝에 도착하게 되며, 각 칸의 수치를 모두 더했을 때 가장 낮은 수치의 길이 가장 빠른 길이다. 가장 빠른 길을 구하시오. [26~30]

예제

길 1	3	1	2	5	1	1
길 2	2	1	3	5	1	3
길 3	2	2	2	1	1	1

정답 길 3

26

길 1	4	8	1	5	3	4	2	8	3	5
길 2	1	2	1	1	8	9	9	9	1	3
길 3	1	2	3	4	5	6	7	9	8	9

27

길 1	3	2	3	2	5	4	5	4	5	4
길 2	9	1	1	3	1	5	2	1	1	2
길 3	4	4	1	1	2	2	3	3	1	4

28

길 1	4×4	3×3	2×2	1×1	2×2	3×3	4×4	7×7	4×4	3×3
길 2	21	14	12	13	15	16	19	9	30	2
길 3	2^2	3^3	2^2	3^3	2^2	3^3	2^2	1^1	2^2	3^3

29

길 1	78	79	80	81	82	83	84	85	86	87

길 2	47	48	68	98	48	15	35	67	102	153	142	132

길 3	123	4	223	5	123	6	321	7

30

길 1	1	2	3	4^0	4^1	4^2	4^3	4^4	4^5	4^1	4^2	4^3
길 2	87	178	87	78	187	78	87	78	187	78	78	187
길 3	453	-123	2,453	-384	80	-486	45	-210	156	-36	37	-585

※ 어떤 자동차가 일정한 속력으로 도로를 주행 중이다. 이동 거리와 걸린 시간이 다음과 같을 때, 속력을 구하시오(단, 속력의 단위는 m/s이며, 모든 계산은 소수점 셋째 자리에서 반올림한다). **[31~35]**

예제

이동 거리 : 60m
걸린 시간 : 1분

정답 1m/s

31

이동 거리 : 100m
걸린 시간 : 1분

32

이동 거리 : 50m
걸린 시간 : 2분

33

이동 거리 : 654m
걸린 시간 : 1.2분

34

이동 거리 : 456m
걸린 시간 : 2.3분

35

이동 거리 : 9,514m
걸린 시간 : 3.7분

※ 다음과 같이 현재 소금물의 농도를 목표 농도로 만들려고 한다. 한 컵에 NmL만큼 담겨있는 물을 최소
몇 번 부어야 하는지 구하시오. [36~40]

예제

현재 소금물 농도 : 100mL 10%
목표 농도 : 5%
$N=1$

정답 100번

36

현재 소금물 농도 : 150mL 10%
목표 농도 : 6%
$N=2$

37

현재 소금물 농도 : 175mL 12%
목표 농도 : 10%
$N=7$

38

현재 소금물 농도 : 100mL 13%
목표 농도 : 2%
$N=10$

39

현재 소금물 농도 : 225mL 8%
목표 농도 : 3%
$N=25$

40

현재 소금물 농도 : 1,000mL 21%
목표 농도 : 15%
$N=40$

※ 그림과 같이 폭이 k이고 높이가 l인 창고 벽 앞에 가로 길이, 높이, 세로 길이가 각각 x, y, z인 상자를 쌓고자 한다. 쌓을 수 있는 상자의 최대 개수를 구하시오(단, 주어진 상자의 길이는 x, y, z를 순서 없이 나타낸 것이고, 상자는 같은 규칙으로만 쌓을 수 있으며, 빈틈이 생겨도 무관하다). **[41~45]**

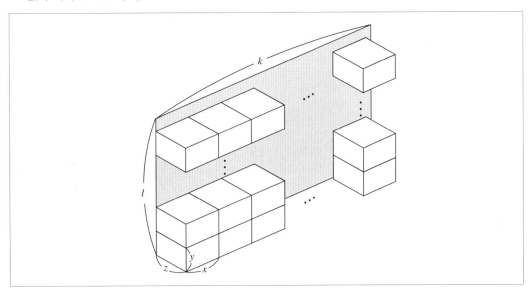

예제

> 벽 : $k=1$m, $l=1$m
> 상자 : 10cm, 2cm, 15cm

정답 500개

41

> 벽 : $k=3.5$m, $l=0.8$m
> 상자 : 8cm, 10cm, 5cm

42

> 벽 : $k=5.5$m, $l=3$m
> 상자 : 13cm, 5cm, 12cm

43

> 벽 : $k=7$m, $l=10$m
> 상자 : 10cm, 20cm, 5cm

44

> 벽 : $k=12$m, $l=15$m
> 상자 : 11cm, 17cm, 12cm

45

> 벽 : $k=12$m, $l=10$m
> 상자 : 11cm, 7cm, 3cm

※ 다음 물체를 이용하여 벽을 만들 때, 벽에 채워진 물체의 전체 부피를 구하시오(단, 부피의 단위는 cm^3 로 구한다). [46~50]

물체 : 겉넓이가 24cm²인 정육면체
벽 : 높이 1m, 폭 1m

정답 20,000cm³

46

물체 : 겉넓이가 54cm²인 정육면체
벽 : 높이 24m, 폭 24m

47

> 물체 : 겉넓이가 150cm^{2}인 정육면체
> 벽 : 높이 5.5m, 폭 5.5m

48

> 물체 : 겉넓이가 6cm^{2}인 정육면체
> 벽 : 높이 120m, 폭 12m

49

물체 : 겉넓이가 726cm²인 정육면체
벽 : 높이 22m, 폭 44m

50

물체 : 겉넓이가 1,014cm²인 정육면체
벽 : 높이 5.2m 폭 9.1m

※ 대기층의 두께가 Xkm인 어떤 행성을 향해 크기가 Y인 운석이 떨어지고 있다. 대기층과의 마찰로 인해 10km를 통과할 때 운석의 크기는 A만큼 연소되어 줄어들며, 20km, 30km, 40km, …를 통과할 때마다 크기가 $2A$, $4A$, $8A$, …만큼 추가로 줄어든다. 대기층과의 마찰로 운석이 행성과 충돌하기 전에 모두 연소되었을 때 대기층의 최소 두께를 구하시오(단, 대기층의 두께는 10km 단위로 출력한다). [51~55]

예제

$$Y=70, \ A=10$$

정답 | 30km

51

$$Y=600, \ A=30$$

52

$$Y=980, \quad A=70$$

53

$$Y=1,500, \quad A=15$$

54

$$Y=20{,}000, \quad A=40$$

55

$$Y=50{,}000, \quad A=25$$

※ 어느 상점에서 색이 다른 두 종류의 리본을 하나씩 묶어 세트로 판매하고 있다. 리본의 종류는 흰색, 검은색이며, 리본의 길이는 모두 다르다. 리본 세트의 수는 검은색 리본의 수와 같으며, 검은색 리본의 수만큼 흰색 리본을 고른 후 가장 긴 흰색 리본은 가장 긴 검은색 리본과 묶는다. 그 다음으로 긴 흰색 리본은 그 다음으로 긴 검은색 리본과 묶어서 길이가 긴 순서끼리 짝지어 묶어서 세트로 만든다고 한다. 흰색 리본과 검은색 리본의 수가 다음과 같을 때, 리본 세트를 만들 수 있는 경우의 수를 구하시오. [56~60]

예제

흰색 리본 수 : 5
검은색 리본 수 : 3

정답 10가지

56

흰색 리본 수 : 2
검은색 리본 수 : 1

57

흰색 리본 수 : 3
검은색 리본 수 : 2

58

흰색 리본 수 : 6
검은색 리본 수 : 3

59

흰색 리본 수 : 8 검은색 리본 수 : 2

60

흰색 리본 수 : 10 검은색 리본 수 : 5

※ 어느 서점에서 책 1권당 책갈피 1개를 묶어서 포장하려고 하는데, 책갈피의 수가 책의 수보다 적어서 책갈피의 수만큼 포장할 수 있다. 포장하려는 책과 책갈피가 다음과 같을 때, 포장할 수 있는 경우의 수를 구하시오(단, 책과 책갈피는 모두 다른 종류이다). **[61~65]**

예제

책 : 가 나 다
책갈피 : a b

정답 6가지

61

책 : 가 나 다 라
책갈피 : a b c

62

책 : 가 나 다 라 마
책갈피 : a b c

63

책 : 가 나 다 라 마 바
책갈피 : a b

64

책 : 가 나 다 라 마 바 사
책갈피 : a b c d e

65

책 : 가 나 다 라 마 바 사 아
책갈피 : a b c d

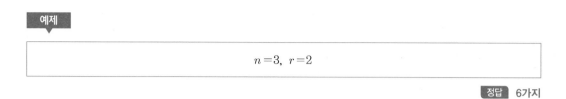

※ n명의 사람이 있고, 이들 중 r명을 골라 줄을 세우려고 한다. 다음과 같이 n과 r이 주어질 때, 줄을 세울 수 있는 경우의 수를 구하시오. [66~70]

예제

$$n=3,\ r=2$$

정답 6가지

66

$$n=5,\ r=3$$

67

$$n=6, \ r=2$$

68

$$n=7, \ r=3$$

69

$$n=8, \ r=4$$

70

$$n=13, \ r=4$$

※ 어느 마트에서 10진수로 나타낸 고유번호를 2진수로 변환하려고 한다. 다음 설명에 따라 고유번호를 2진수로 나타내시오. **[71~75]**

- 괄호 안의 숫자는 '진수'를 말한다.
- 10진수를 2진수로 변환하는 방법

  10진수의 값을 더 이상 2로 나눌 수 없을 때까지 2로 계속 나눈 뒤 나머지를 역순으로 읽으면 2진수가 된다.

  예 $6_{(10)}$을 2진수로 나타내면.

  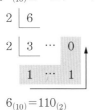

  $$6_{(10)} = 110_{(2)}$$

예제

$$8_{(10)}$$

정답 $1000_{(2)}$

71

$$10_{(10)}$$

72

$$16_{(10)}$$

73

$$22_{(10)}$$

74

$$35_{(10)}$$

75

$$50_{(10)}$$

※ 어느 회사에서 상품번호가 2진수로 등록되어 있는 수입 품목을 판매하기 위해 상품번호를 10진수로 변환하려고 한다. 다음 설명에 따라 수입 품목의 상품번호를 10진수로 나타내시오. **[76~80]**

- 괄호 안의 숫자는 '진수'를 말한다.
- 2진수를 10진수로 변환하는 방법
  2진수의 맨 오른쪽을 0번째로 기준으로 하여 맨 오른쪽부터 2의 자리 번호만큼 제곱한 값과 곱하여 그 값을 모두 더하면 10진수가 된다.

$\cdots$	$2^8=256$	$2^7=128$	$2^6=64$	$2^5=32$	$2^4=16$	$2^3=8$	$2^2=4$	$2^1=2$	$2^0=1$

  예 $1010_{(2)}$을 10진수로 나타내면, $1 \times 2^3 + 0 \times 2^2 + 1 \times 2^1 + 0 \times 2^0 = 10$이다.

예제

$$101_{(2)}$$

정답 5

76

$$1001_{(2)}$$

77

$$11011_{(2)}$$

78

$$101010_{(2)}$$

79

$$1101101_{(2)}$$

80

$$100100100_{(2)}$$

※ 어느 출판사에서 책의 일련번호를 정할 때 16진수를 사용한다. 출판사는 책을 온라인 마켓에 등록하기 위해 일련번호를 10진수로 변환하려고 한다. 다음 설명에 따라 일련번호를 10진수로 나타내시오. **[81~85]**

• 괄호 안의 숫자는 '진수'를 말한다.

• 16진수에서 10은 A, 11은 B, 12는 C, 13은 D, 14는 E, 15는 F로 표시한다.

• 16진수를 10진수로 변환하는 방법

 16진수의 맨 오른쪽을 0번째로 기준으로 하여 맨 오른쪽부터 16의 자리 번호만큼 제곱한 값과 곱하여 그 값을 모두 더하면 10진수가 된다.

$\cdots$	$16^3 = 4,096$	$16^2 = 256$	$16^1 = 16$	$16^0 = 1$

 [예] $1010_{(16)}$을 10진수로 나타내면,

 $1 \times 16^3 + 0 \times 16^2 + 1 \times 16^1 + 0 \times 16^0 = 4,096 + 16 = 4,112$이다.

예제

$A_{(16)}$

정답 10

81

$10_{(16)}$

82

$$20_{(16)}$$

83

$$1A_{(16)}$$

84

23F$_{(16)}$

85

DAD$_{(16)}$

※ 선주가 방문한 지역 축제 행사 프로그램의 시작 시각 및 종료 시각은 다음과 같다. 하나의 프로그램에 참여하고 있는 동안에는 다른 활동을 할 수 없으며, 종료 시각까지 참여해야 한다. 최대한 많은 프로그램에 참여하려고 할 때, 선주의 참여 순서를 구하시오. [86~90]

예제

프로그램	A	B	C	D	E
시작 시각	11:30	13:00	13:00	14:00	16:30
종료 시각	13:00	14:00	15:00	15:00	18:00

정답 A → B → D → E

86

프로그램	A	B	C	D	E
시작 시각	10:00	10:00	11:00	12:30	15:00
종료 시각	11:00	12:00	12:30	15:00	18:00

87

프로그램	A	B	C	D	E
시작 시각	10:00	11:00	11:30	15:00	16:00
종료 시각	11:30	18:30	14:30	16:00	18:00

88

프로그램	A	B	C	D	E
시작 시각	10:00	10:00	11:30	12:00	15:00
종료 시각	18:00	11:30	12:00	13:30	18:00

89

프로그램	A	B	C	D	E
시작 시각	11:00	15:00	15:00	12:00	16:00
종료 시각	12:30	18:00	16:00	15:30	18:00

90

프로그램	A	B	C	D	E
시작 시각	15:30	15:30	16:00	13:00	11:00
종료 시각	18:00	16:00	18:00	14:00	12:00

※ 다음은 10분 지속 강우강도에 대한 설명이다. 이에 따라 어느 지역에서 30분간 내린 비의 누적 강우량을 5분 간격으로 기록한 표에서 10분 지속 강우강도가 가장 큰 시간을 찾으시오. **[91~95]**

10분 지속 강우강도는 $\dfrac{(10분\ 동안\ 내린\ 비의\ 양)}{10분}$ 을 1시간 값으로 환산하여 나타낸 것이다.

시간	00:00 ~ 00:05	00:05 ~ 00:10	00:10 ~ 00:15	00:15 ~ 00:20	00:20 ~ 00:25	00:25 ~ 00:30
누적 강우량(mm)	2	5	9	15	25	30

예 00:00 ~ 00:05일 때 강우량은 2mm이고, 00:05 ~ 00:10일 때 강우량은 5−2=3mm이므로 00:00 ~ 00:10의 10분 지속 강우강도는 $\dfrac{5mm}{10분}$=30mm/h이다.

예제

시간	00:00 ~ 00:05	00:05 ~ 00:10	00:10 ~ 00:15	00:15 ~ 00:20	00:20 ~ 00:25	00:25 ~ 00:30
누적 강우량(mm)	2	5	9	15	25	30

정답 00:15 ~ 00:25

91

시간	10:00 ~ 10:05	10:05 ~ 10:10	10:10 ~ 10:15	10:15 ~ 10:20	10:20 ~ 10:25	10:25 ~ 10:30
누적 강우량(mm)	10	15	17	21	25	30

92

시간	12:00 ~ 12:05	12:05 ~ 12:10	12:10 ~ 12:15	12:15 ~ 12:20	12:20 ~ 12:25	12:25 ~ 12:30
누적 강우량(mm)	3	8	19	26	30	36

93

시간	17:40 ~ 17:45	17:45 ~ 17:50	17:50 ~ 17:55	17:55 ~ 18:00	18:00 ~ 18:05	18:05 ~ 18:10
누적 강우량(mm)	2	5	10	16	26	40

94

시간	20:20 ~ 20:25	20:25 ~ 20:30	20:30 ~ 20:35	20:35 ~ 20:40	20:40 ~ 20:45	20:45 ~ 20:50
누적 강우량(mm)	7	12	20	24	26	28

95

시간	22:45 ~ 22:50	22:50 ~ 22:55	22:55 ~ 23:00	23:00 ~ 23:05	23:05 ~ 23:10	23:10 ~ 23:15
누적 강우량(mm)	1	5	10	12	20	35

※ 특정 운영체제에서 처리해야 하는 작업들은 정해진 숫자만큼 초 단위로 시간이 걸린다. 작업을 하나씩 처리할 때는 각 작업의 시간을 모두 더한 시간만큼 걸리고, 모든 작업을 동시에 처리할 때는 각 작업 시간에 작업의 개수만큼 추가로 시간이 걸린다. 각 작업 시간이 다음과 같을 때, 전체 작업에 필요한 최소 작업 시간을 구하시오(단, 0초부터 시작한다). [96~100]

예제

| 1 1 2 |

정답 4초

96

| 1 2 3 4 |

97

1 3 5 6

98

1 1 1 1 1

99

2 4 6 8 10 12 ⋯ 512

100

1 10 100 1,000 10,000

※ 각각 초 단위로 시간이 정해져 있어 작동하면 일정 시간이 지난 후 종료되는 타이머가 있다. 타이머를 하나씩 작동할 때는 각 타이머의 시간을 모두 더한 시간만큼 걸리고, 모든 타이머를 동시에 작동할 때는 각 타이머의 시간에 타이머의 개수만큼 추가로 시간이 걸린다. 각 타이머의 시간이 다음과 같을 때, 모든 타이머가 종료되는 데 걸리는 최소 시간을 구하시오(단, 0초부터 시작한다). **[101~105]**

예제

| 1 1 |

정답 2초

101

| 1 3 5 |

CHAPTER 02 이산수학 • 81

102

10 20 30

103

3 6 9 12 15

104

8 8 8 8 8 8 8 8

105

9 99 999 9,999 99,999

※ 다음은 트리의 중위 순회에 대한 설명이다. 이에 따라 주어진 노드를 중위 순회로 탐색 시 타깃 알파벳
은 몇 번째에서 찾을 수 있는지 구하시오. **[1~5]**

> 트리는 1개 이상의 유한한 개수의 노드가 서로 겹치지 않고 루프를 만들지 않는 링크로 연결된 자료구조이다.
> 상위 노드(부모 노드)가 없는 노드를 루트 노드라고 하며, 하나의 트리는 단 하나의 루트 노드를 가진다.
> 하위 노드(자식 노드)가 없는 노드를 잎 노드라고 한다.
> 트리의 자료 탐색 과정 중 중위 순회는 해당 자료구조에서 '왼쪽 자식 노드 → 부모 노드 → 오른쪽 자식
> 노드' 순서로 탐색하는 과정이다.

예제

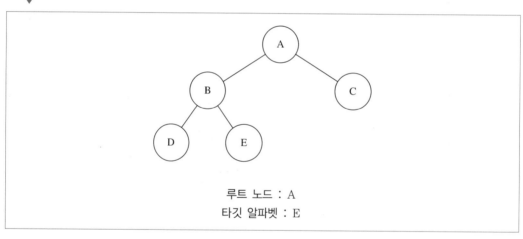

루트 노드 : A
타깃 알파벳 : E

정답 해설

가장 왼쪽 자식 노드인 D를 탐색한다. 그 후에 D의 부모 노드인 B를 탐색하고, B의 오른쪽 자식 노드인 E를 탐색한다.
B의 모든 자식 노드를 탐색했으므로 부모 노드인 A를 탐색한다. 이어서 A의 오른쪽 자식 노드인 C를 탐색한다.
따라서 탐색 순서는 D → B → E → A → C이므로 E는 3번째에서 찾을 수 있다.

정답 3번째

01

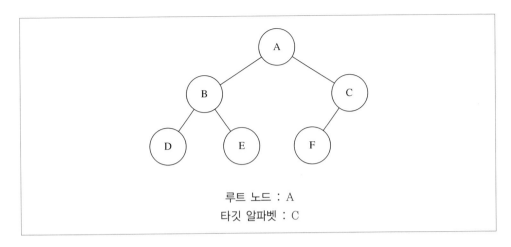

루트 노드 : A
타깃 알파벳 : C

가장 왼쪽 자식 노드인 D를 탐색한다. 그 후에 D의 부모 노드인 B를 탐색하고, B의 오른쪽 자식 노드인 E를 탐색한다. B의 모든 자식 노드를 탐색했으므로 부모 노드인 A를 탐색한다. 이어서 A의 오른쪽 자식 노드인 C를 탐색해야 하지만, C의 자식 노드 F가 있으므로 F를 먼저 탐색하고 C를 탐색한다.
따라서 탐색 순서는 D → B → E → A → F → C이므로 C는 6번째에서 찾을 수 있다.

정답 6번째

02

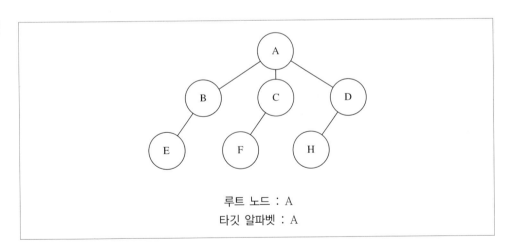

루트 노드 : A
타깃 알파벳 : A

가장 왼쪽 자식 노드인 E를 탐색한다. 그 후에 E의 부모 노드인 B를 탐색한다.
B의 모든 하위 노드를 탐색했으므로 부모 노드인 A를 탐색한다. 이어서 A의 하위 노드 중 B의 오른쪽 노드인 C를 탐색해야 하지만, C의 자식 노드인 F가 있으므로 F를 먼저 탐색하고 C를 탐색한다. 이어서 H → D도 같은 순서로 탐색한다.
따라서 탐색 순서는 E → B → A → F → C → H → D이므로 A는 3번째에서 찾을 수 있다.

정답 3번째

03

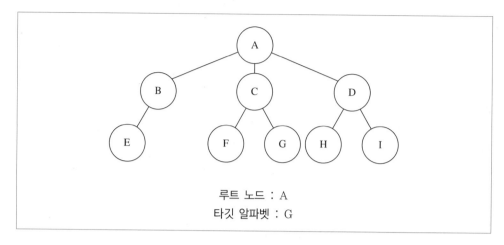

루트 노드 : A
타깃 알파벳 : G

가장 왼쪽 자식 노드인 E를 탐색한다. 그 후에 E의 부모 노드인 B를 탐색한다.
B의 모든 하위 노드를 탐색했으므로 부모 노드인 A를 탐색한다. 이어서 A의 하위 노드 중 B의 오른쪽 노드인 C를 탐색해
야 하지만, C의 왼쪽 자식 노드인 F, 오른쪽 자식 노드인 G가 있으므로 F를 먼저 탐색하고 C를 탐색 후 G를 탐색한다.
이어서 H → D → I도 같은 순서로 탐색한다.
따라서 탐색 순서는 E → B → A → F → C → G → H → D → I이므로 G는 6번째에서 찾을 수 있다.

정답 6번째

04

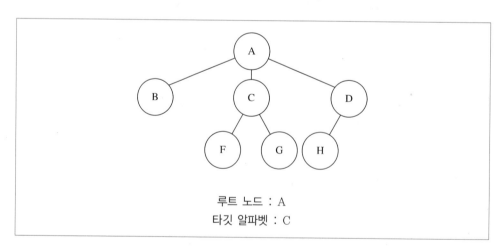

루트 노드 : A
타깃 알파벳 : C

가장 왼쪽 자식 노드인 B를 탐색한다. 그 후에 B의 부모 노드인 A를 탐색한다. 이어서 A의 하위 노드 중 B의 오른쪽
노드인 C를 탐색해야 하지만, C의 왼쪽 자식 노드인 F, 오른쪽 자식 노드인 G가 있으므로 F를 먼저 탐색하고 C를 탐색
후 G를 탐색한다. 이어서 H → D도 같은 순서로 탐색한다.
따라서 탐색 순서는 B → A → F → C → G → H → D이므로 C는 4번째에서 찾을 수 있다.

정답 4번째

05

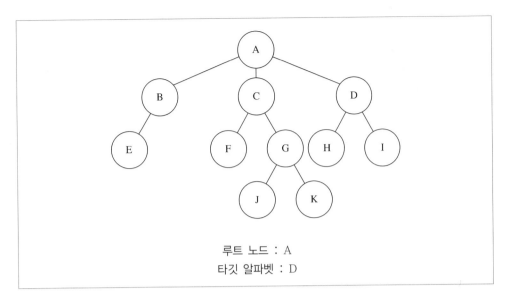

루트 노드 : A
타깃 알파벳 : D

정답 | 해설

가장 왼쪽 자식 노드인 E를 탐색한다. 그 후에 E의 부모 노드인 B를 탐색한다.
B의 모든 하위 노드를 탐색했으므로 부모 노드인 A를 탐색한다. 이어서 A의 하위 노드 중 B의 오른쪽 노드인 C를 탐색해야 하지만, C의 왼쪽 자식 노드인 F, 오른쪽 자식 노드인 G가 있으므로 F를 먼저 탐색하고 C를 탐색한다.
그 후에 G를 탐색해야 하지만, G의 하위 노드가 있으므로 G를 탐색하기 전 G의 왼쪽 자식 노드인 J를 먼저 탐색 후 J의 부모 노드인 G를 탐색하고 이어서 G의 오른쪽 자식 노드인 K를 탐색한다. 이어서 H → D → I도 같은 순서로 탐색한다.
따라서 탐색 순서는 E → B → A → F → C → J → G → K → H → D → I이므로 D는 10번째에서 찾을 수 있다.

정답 | 10번째

정답 및 해설 p.027

※ 성현이와 민희는 같은 유원지에서 각각 여러 볼거리를 보았다. 두 사람이 각각 방문한 지점을 다음과 같이 나열했을 때, 두 사람이 방문한 지점의 최장 공통 부분 수열을 구하시오. [1~5]

예제

C	D	P	O	G	A
C	E	D	A	Z	X

정답 C – D – A

01

C	D	K	H	Y	O
P	K	A	V	B	Y

02

D	A	P	C	H	K
A	C	H	Y	K	B

03

M	N	U	I	K	L
O	A	V	N	K	L

04

T	U	I	J	B	K
A	U	Q	I	B	K

05

L	C	O	K	D	Z
B	A	E	C	K	Z

※ 은채는 영어 단어나 문장을 제시하면 점수를 득점하는 게임을 하고 있다. 다음 점수표를 바탕으로 득점할 때, 은채가 받는 점수의 총합을 구하시오(단, 공란과 특수문자는 0점을 얻는다). [6~10]

A	1	H	8	O	15	V	22
B	2	I	9	P	16	W	23
C	3	J	10	Q	17	X	24
D	4	K	11	R	18	Y	25
E	5	L	12	S	19	Z	26
F	6	M	13	T	20		
G	7	N	14	U	21		

예제

SOFTWARE

정답 107점

06

COMPUTER

07 | ALGORITHM |

08 | SELECTION |

09 HELLO WORLD!

10 YOU CAN MAKE IT!

※ 한글의 자음과 모음을 다음과 같이 수에 대응시켜 '(초성에 대응하는 수)×10,000＋(모음에 대응하는 수)×100＋(받침에 대응하는 수)×1'로 합을 구한 후 데이터를 저장하고자 한다. 글자에 대응하는 수를 구하시오. [11~15]

〈자음〉

ㄱ	1	ㅅ	7	ㅍ	13	ㅉ	19	ㄼ	25
ㄴ	2	ㅇ	8	ㅎ	14	ㄳ	20	ㄽ	26
ㄷ	3	ㅈ	9	ㄲ	15	ㄵ	21	ㄾ	27
ㄹ	4	ㅊ	10	ㄸ	16	ㄶ	22	ㄿ	28
ㅁ	5	ㅋ	11	ㅆ	17	ㄺ	23	ㅀ	29
ㅂ	6	ㅌ	12	ㅃ	18	ㄻ	24	ㅄ	30

〈모음〉

ㅏ	1	ㅛ	6	ㅐ	11	ㅙ	16	ㅢ	21
ㅑ	2	ㅜ	7	ㅒ	12	ㅚ	17		
ㅓ	3	ㅠ	8	ㅔ	13	ㅝ	18		
ㅕ	4	ㅡ	9	ㅖ	14	ㅞ	19		
ㅗ	5	ㅣ	10	ㅘ	15	ㅟ	20		

예제

꽃

정답 150,510

11

넋

12 | 빛 |

13 | 삶 |

14

흙

15

삶

※ 일정한 자원을 갖고 있는 특수한 컴퓨터로 글을 보내려고 한다. 다음 표와 같이 알파벳 순서대로 A부터 Z까지 65부터 90의 자원이 소모되고, 공란은 32의 자원이 소모된다. 컴퓨터의 자원과 보내려는 글이 다음과 같을 때, 보낼 수 있는 글자를 출력하시오(단, 왼쪽 글자부터 순차적으로 전송한다). [16~20]

A	65	H	72	O	79	V	86
B	66	I	73	P	80	W	87
C	67	J	74	Q	81	X	88
D	68	K	75	R	82	Y	89
E	69	L	76	S	83	Z	90
F	70	M	77	T	84		
G	71	N	78	U	85		

예제

컴퓨터 자원 : 100
보내려는 글 : ABCD

정답 ▶ A

16

컴퓨터 자원 : 400
보내려는 글 : SEOUL

17

컴퓨터 자원 : 300
보내려는 글 : GOOD JOB

18

컴퓨터 자원 : 700
보내려는 글 : SPACECRAFT

19

컴퓨터 자원 : 400
보내려는 글 : C O D I N G

20

컴퓨터 자원 : 710
보내려는 글 : FANTASTIC

※ 어떤 수치의 특수한 공을 벽에 좌우로 튕기고 있다. 공을 튕길 때마다 수치가 절반씩 줄어들며, 공의 수치가 1 미만으로 내려갈 수는 없다. 공에 대한 수치가 다음과 같을 때, 공이 최대 몇 번 튕기는지 구하시오(단, 튕길 때마다 수치는 소수점 첫째 자리에서 반올림한다). [21~25]

예제

8

정답 3번

21

10

22

17

23

50

24

131

25

4,621

※ 아이스크림이 1초당 현재 상태의 10%씩 녹는다. 아이스크림 크기인 N과 총 경과시간인 T초가 다음과 같을 때, 마지막에 남게 되는 아이스크림의 크기를 구하시오(단, 모든 계산은 소수점 첫째 자리에서 반올림한다). **[26~30]**

예제

$$N=10, \quad T=5$$

정답 5

26

$$N=12, \quad T=5$$

27

$$N=36, \quad T=4$$

28

$$N=76, \quad T=13$$

29

$$N=80, \quad T=26$$

30

$$N=1,234, \quad T=30$$

※ N만큼의 힘을 가지고 있는 대장장이가 어떤 수치를 가지고 있는 금속을 제련하기 위해 망치질을 하는데, 1번 망치질을 할 때마다 금속의 수치가 N만큼 차감된다. 금속의 수치가 0 이하가 된다면 그 금속은 제련이 끝나며, 대장장이의 힘은 1이 증가하고 다음 금속을 제련하기 시작한다. 대장장이의 힘과 금속의 배열이 다음과 같을 때, 모든 금속의 제련을 끝내기 위해서 대장장이는 망치질을 총 몇 번 해야 하는지 구하시오(단, 금속 배열의 왼쪽부터 순서대로 제련한다). [31~35]

예제

대장장이 힘 : 5
금속 배열 : 1 3 6 9

정답 5번

31

대장장이 힘 : 8
금속 배열 : 3 4 5 6 7 8

32

대장장이 힘 : 1
금속 배열 : 1 2 3 8

33

대장장이 힘 : 4
금속 배열 : 2 4 8 16 32 64

34

대장장이 힘 : 3
금속 배열 : 3 4 5 6 30 40 50 60 120

35

대장장이 힘 : 13
금속 배열 : 13 26 39 52 65 78 92 105 118 131 144 157

※ 다음과 같은 크기의 버섯과 버섯의 영양제가 있다. a영양제는 버섯의 크기가 홀수일 경우 1만큼, b영양제는 버섯의 크기가 짝수일 경우 1만큼, c영양제는 버섯의 크기를 −1만큼 성장시킨다. 제시된 모든 영양제를 투여하여 버섯을 최대 크기로 키우려 할 때, 키울 수 있는 버섯의 최대 크기를 구하시오(단, c영양제를 마지막으로 투여할 경우 −2만큼 성장한다. 버섯의 크기가 0 이하가 되면 아무리 영양제를 투여해도 성장하지 않는다). **[36~40]**

예제

현재 버섯 크기 : 3
a영양제 2개, b영양제 1개, c영양제 1개

정답 5

36

현재 버섯 크기 : 5
a영양제 1개, b영양제 1개, c영양제 1개

37

현재 버섯 크기 : 11
a영양제 3개, b영양제 3개, c영양제 3개

38

현재 버섯 크기 : 5
a영양제 3개, b영양제 1개, c영양제 5개

39

> 현재 버섯 크기 : 20
> a영양제 1개, b영양제 5개, c영양제 7개

40

> 현재 버섯 크기 : 1
> a영양제 3개, b영양제 4개, c영양제 4개

※ 어느 아이스크림 할인점에서 무게가 N을 넘지 않도록 아이스크림을 바구니에 담으면 금액을 할인해 주는 행사를 진행하고 있다. 바구니에 담을 아이스크림 무게의 합이 N을 넘지 않도록 아이스크림을 담을 때, 아이스크림 금액의 합의 최댓값을 구하시오(단, 아이스크림은 품목당 1개만 담을 수 있다). [41~45]

예제

$N=5$		
품목 번호	무게	가격(원)
1	4	1,000
2	3	600
3	2	1,400
4	1	1,200

정답 2,600원

41

$N=7$		
품목 번호	무게	가격(원)
1	1	1,200
2	3	600
3	2	800
4	4	600

42

N=8		
품목 번호	무게	가격(원)
1	2	1,000
2	3	600
3	5	2,000
4	1	800

43

N=4		
품목 번호	무게	가격(원)
1	2	2,000
2	4	1,200
3	3	800
4	1	500

44

N=8		
품목 번호	무게	가격(원)
1	4	700
2	2	700
3	3	600
4	4	1,200

45

N=10		
품목 번호	무게	가격(원)
1	2	1,000
2	3	800
3	4	1,200
4	2	2,200

※ 어느 아울렛에서 무게가 8을 넘지 않도록 옷을 바구니에 담으면 금액을 할인해 주는 행사를 진행하고 있다. 바구니에 담을 옷 무게의 합이 8을 넘지 않도록 옷을 담을 때, 옷 금액의 합의 최댓값을 구하시오 (단, 옷은 품목당 1벌만 담을 수 있다). [46~50]

예제

옷 무게의 합 : 8

품목 번호	무게	가격(원)
1	1	2,000
2	3	3,000
3	4	4,000
4	5	5,000

정답 9,000원

46

옷 무게의 합 : 8

품목 번호	무게	가격(원)
1	2	3,000
2	4	2,000
3	5	4,000
4	7	5,000

47

옷 무게의 합 : 8

품목 번호	무게	가격(원)
1	2	1,500
2	4	2,000
3	6	3,000
4	5	3,500

48

옷 무게의 합 : 8

품목 번호	무게	가격(원)
1	5	1,000
2	3	2,500
3	4	4,000
4	6	2,000

49

옷 무게의 합 : 8

품목 번호	무게	가격(원)
1	7	2,000
2	6	1,000
3	4	1,500
4	5	4,000

50

옷 무게의 합 : 8

품목 번호	무게	가격(원)
1	5	15,000
2	1	5,000
3	4	3,000
4	3	4,000

※ 다음 트리에서 1부터 시작하여 너비 우선 탐색 기법으로 모든 노드를 탐색하고자 할 때, 탐색 순서를 구하시오. [51~55]

예제

정답 1 → 2 → 4 → 7 → 5 → 6 → 3

51

52

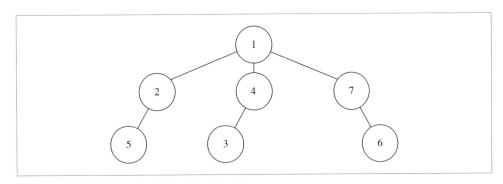

53

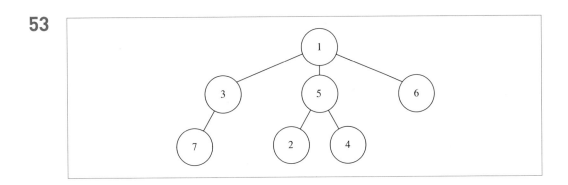

54

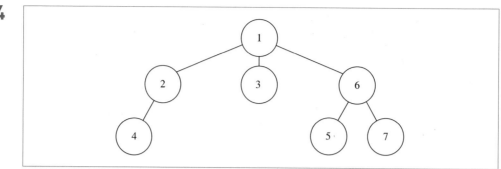

55

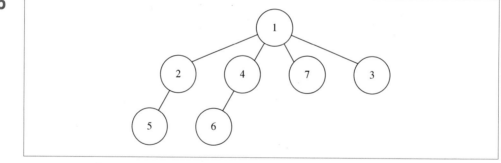

※ 다음 트리의 후위 순회에 대한 설명을 읽고, 주어진 노드를 후위 순회로 탐색 시 타깃 알파벳은 몇 번째에서 찾을 수 있는지 구하시오. [56~60]

트리는 1개 이상의 유한한 개수의 노드가 서로 겹치지 않고 루프를 만들지 않는 링크로 연결된 자료구조이다. 상위 노드(부모 노드)가 없는 노드를 루트 노드라고 하며, 하나의 트리는 단 하나의 루트 노드를 가진다. 하위 노드(자식 노드)가 없는 노드를 잎 노드라고 한다.
트리의 자료 탐색 과정 중 후위 순회는 해당 자료구조에서 '왼쪽 자식 노드 → 오른쪽 자식 노드 → 부모 노드' 순서로 탐색하는 과정이다.

예제

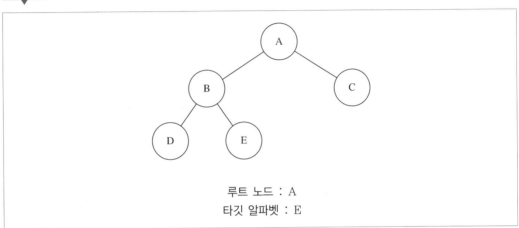

루트 노드 : A
타깃 알파벳 : E

정답 2번째

56

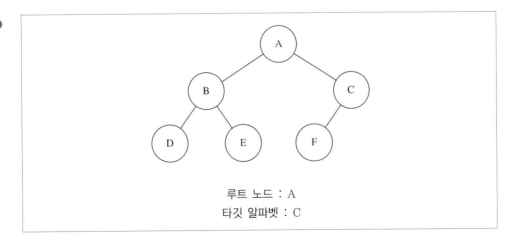

루트 노드 : A
타깃 알파벳 : C

57

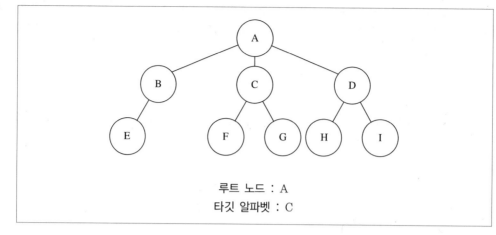

루트 노드 : A
타깃 알파벳 : C

58

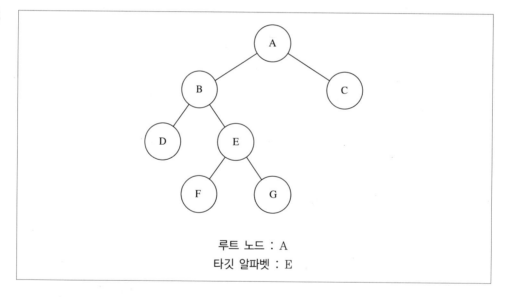

루트 노드 : A
타깃 알파벳 : E

59

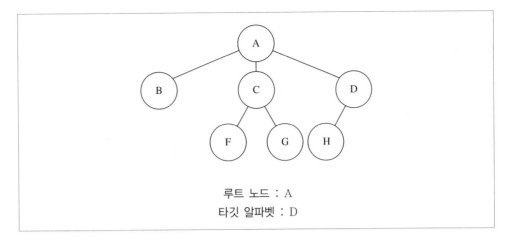

루트 노드 : A
타깃 알파벳 : D

60

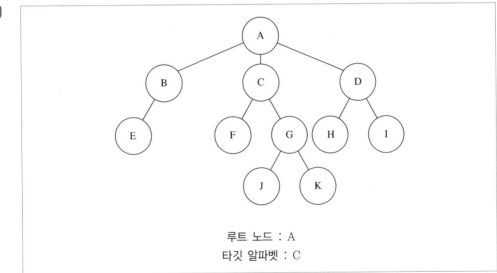

루트 노드 : A
타깃 알파벳 : C

※ 일렬로 나열된 땅에 큰 나무 씨앗과 작은 나무 씨앗을 모두 심으려 한다. 땅은 0, 큰 나무 씨앗은 2, 작은 나무 씨앗은 1로 표시한다. 만약 큰 나무 씨앗 오른쪽에 작은 나무 씨앗이 있다면 큰 나무 씨앗은 1이 커지고, 왼쪽에 땅이 있다면 1이 작아진다. 심은 곳에 씨앗을 또 심을 수 있으며, 만약 같은 종류의 씨앗을 심는다면 -1로 바뀌고, 다른 종류의 씨앗을 심는다면 해당 나무의 씨앗으로 바뀐다. 하루에 한 종류의 씨앗만 심을 수 있다면, 모든 씨앗을 심었을 때 나올 수 있는 숫자의 합의 최댓값을 구하시오 (단, 0 이하는 땅으로 취급한다). [61~65]

땅 : 0 0 0 0
큰 나무 씨앗 1개, 작은 나무 씨앗 2개

정답 5

61

땅 : 0 0 0
큰 나무 씨앗 1개, 작은 나무 씨앗 1개

62

땅 : 0 0
큰 나무 씨앗 2개, 작은 나무 씨앗 2개

63

땅 : 0 0 0 0 0 0
큰 나무 씨앗 3개, 작은 나무 씨앗 2개

64

> 땅 : 0
> 큰 나무 씨앗 1개, 작은 나무 씨앗 2개

65

> 땅 : 0 0 0 0 0
> 큰 나무 씨앗 3개, 작은 나무 씨앗 4개

※ 일렬로 무한히 배열되어 있는 배양판에서 감염세포가 정상세포를 감염시키려 한다. 감염세포는 0번째 자리에 있으며, 정상세포들은 서로 다른 자리에 있다. 감염세포는 1초당 정상세포의 수만큼 감염 범위를 늘려간다. 모든 정상세포가 감염되기까지 총 몇 초가 걸리는지 구하시오(단, 1번째 자리부터 감염되기 시작하며, 감염된 정상세포의 수만큼 감염 범위는 줄어든다). [66~70]

예제

정상세포 1 : 5번째, 정상세포 2 : 10번째

정답 7초

66

정상세포 1 : 3번째, 정상세포 2 : 8번째

67

정상세포 1 : 4번째, 정상세포 2 : 5번째, 정상세포 3 : 6번째

68

정상세포 1 : 3번째, 정상세포 2 : 6번째, 정상세포 3 : 9번째, 정상세포 4 : 12번째

69

정상세포 1 : 5번째, 정상세포 2 : 11번째, 정상세포 3 : 14번째,
정상세포 4 : 15번째, 정상세포 5 : 21번째

70

정상세포 1 : 1번째, 정상세포 2 : 2번째, 정상세포 3 : 8번째, 정상세포 4 : 9번째,
정상세포 5 : 10번째, 정상세포 6 : 11번째, 정상세포 7 : 19번째, 정상세포 8 : 100번째

※ $N \times N$ 크기의 캔버스에 $X \times Y$ 크기의 물감들로 색칠할 계획이다. 캔버스의 크기와 물감들의 크기가 다음과 같을 때, 캔버스 안에 주어진 물감들을 최대한 사각형으로 색칠하려고 한다. 이때 낭비되는 물감의 양을 구하시오(단, 물감은 서로 겹칠 수 없으며, 캔버스 밖으로 물감이 나온다면 1칸당 1이 낭비되는 것으로 한다). [71~75]

예제

캔버스 : 4×4
물감 1 : 1×1, 물감 2 : 2×2

정답 0

71

캔버스 : 6×6
물감 1 : 1×1, 물감 2 : 4×4

72

캔버스 : 5×5
물감 1 : 2×2, 물감 2 : 2×2

73

캔버스 : 3×3
물감 1 : 1×1, 물감 2 : 2×2, 물감 3 : 3×3

74

캔버스 : 6×6
물감 1 : 1×2, 물감 2 : 2×3, 물감 3 : 3×4, 물감 4 : 2×2, 물감 5 : 3×3

75

캔버스 : 7×7
물감 1 : 1×4, 물감 2 : 5×5, 물감 3 : 1×5, 물감 4 : 1×3, 물감 5 : 2×4, 물감 6 : 1×5

※ 다음과 같은 미로가 있을 때, 이동 경로는 위로 1칸은 U로, 아래로 1칸은 D로, 왼쪽으로 1칸은 L로, 오른쪽으로 1칸은 R로 표시하며, W는 벽이므로 지나갈 수 없다. 주어진 어느 지점에서 목표 지점까지 최단 경로를 표시하시오(단, 표시할 때 1칸을 초과하는 연속된 경로는 U, D, L, R 오른쪽에 수를 표시하며, 최단 경로가 1가지 이상일 경우에는 방향 전환이 최소인 경로를 우선으로 한다). **[76~80]**

A					W					W			B
		W		W	W		W	W	W	W		W	
W	W	W	W	W						W		W	
					W	W	W	W	W	W		W	
	W		W		W					W	W		
	W	W	W	W	P		W		W	W		W	W
	W		W			W	W			W			
	W			W			W	W		W		W	
	W		W		W				W		W	W	W
	W	W	W		W	W	G		W				
						W			W	W	W	W	W
	W		W			W		W	W		W		
W		W		W		W			W		W		W
	W		W		W			W		W		W	W
		W		W		W		W	W				
W	W		W		W		W	W		W	W	W	
W				W			W						
				W									
	W	W	W	W	W	W		W	W		W		
C								W		W			E

예제

P에서 G

정답 R D4 R

76

A에서 G

77

B에서 G

78

C에서 G

79

E에서 G

80

E에서 A

※ 버스 정류장의 위치가 다음과 같이 연결되어 있을 때, 출발 지점에서 도착 지점으로 갈 수 있는 최소 이동거리를 구하시오(단, 한 번 지나간 길은 되돌아갈 수 없다). [81~85]

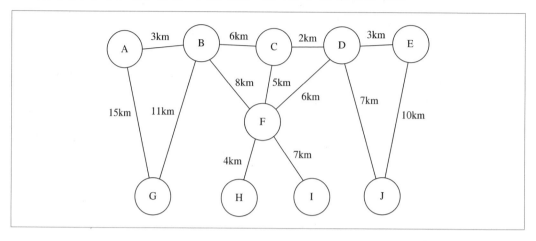

예제

출발 지점 : A
도착 지점 : F

정답 11km

81

출발 지점 : C
도착 지점 : I

82

출발 지점 : G
도착 지점 : D

83

A에서 출발하여 F를 거쳐 J에 도착하는 경로

84

B에서 출발하여 D, F를 모두 방문하는 경로
(단, 순서는 무관하며, 마지막 도착 지점은 D 또는 F이다)

85

F에서 출발하여 A, B를 모두 방문하는 경로
(단, 순서는 무관하며, 마지막 도착 지점은 A 또는 B이다)

※ A ~ H마을이 다음과 같이 연결되어 있을 때, 출발 지점에서 도착 지점으로 갈 수 있는 최소 이동거리를 구하시오(단, 한 번 지나간 길은 되돌아갈 수 없다). [86~90]

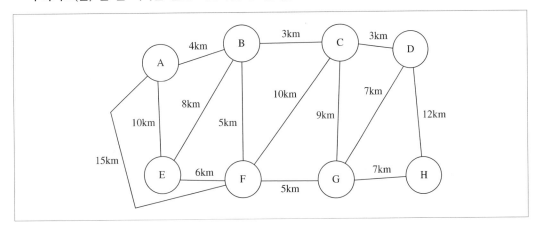

예제

출발 지점 : A
도착 지점 : G

정답 14km

86

출발 지점 : D
도착 지점 : F

87

출발 지점 : H
도착 지점 : C

88

C에서 출발하여 E를 거쳐 A에 도착하는 경로

89

A에서 출발하여 D, E를 모두 방문하는 경로
(단, 순서는 무관하며, 마지막 도착 지점은 D 또는 E이다)

90

E에서 출발하여 D를 거쳐 G에 도착하는 경로
(단, G – D의 7km 구간은 통제 중으로 지나갈 수 없다)

※ 어느 식물원에서 간이 정원을 꾸며 놓았다. 각 연결된 길을 걷는 데 필요한 시간이 다음과 같을 때, 제시된 경로 또는 시간을 구하시오(단, 한 번 지나간 길은 되돌아갈 수 없다). [91~95]

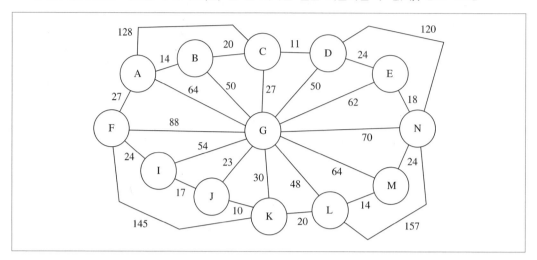

예제

A에서 출발하여 G를 거쳐 E에 도착하기까지 걸린 시간이 최소인 경로

정답 A → B → C → G → E

91

L에서 출발하여 G를 거쳐 A에 도착하기까지 걸린 시간이 최소인 경로

92

J에서 출발하여 N을 거쳐 G에 도착하기까지 걸린 시간이 최소일 때 그 시간

93

C에서 출발하여 G를 거쳐 M에 도착하기까지 걸린 시간이 최소일 때 그 시간

94

C에서 출발하여 K에 도착하기까지 거쳐 간 장소의 수가 최소일 때 걸린 시간
(단, G는 가지 않는다)

95

G에서 출발하여 거쳐 간 장소의 수가 5개일 때 걸린 시간이 최소가 되는 경로
(단, 출발 지점을 포함한다)

다이나믹 프로그래밍 대표유형

※ 다음 그림과 같이 반지름의 길이가 1인 사분원에 반지름의 길이가 1인 사분원을 시계 방향으로 이어 그린다. 그 후에 1번째 사분원과 2번째 사분원의 반지름의 합을 반지름으로 갖는 사분원을 시계 방향으로 이어 그린다. 그 후에 2번째 사분원의 반지름과 3번째 사분원의 반지름의 합을 반지름으로 갖는 사분원을 시계 방향으로 이어 그리고, 3번째 사분원의 반지름과 4번째 사분원의 반지름의 합을 반지름으로 갖는 사분원을 시계 방향으로 이어 그린다. 이 과정을 반복하면 나선 형태의 곡선을 그릴 수 있는데, 이 곡선을 '피보나치 나선'이라고 하며, 피보나치 나선을 이루는 각 사분원의 반지름은 피보나치 수열을 이룬다. N번째에 새로 그리는 곡선의 길이를 구하시오(단, $\pi=3$이다). **[1~5]**

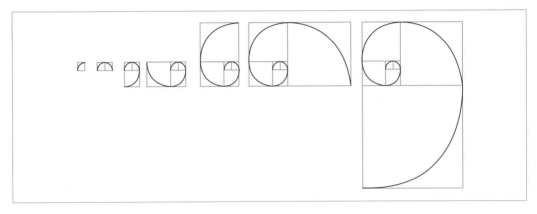

예제

$$N=4$$

정답 | 해설

피보나치 나선을 이루는 각 사분원의 반지름은 피보나치 수열을 이룬다.
피보나치 수열은 1, 1, 2, 3, 5, 8, 13, …이다.

따라서 4번째에 새로 그리는 곡선은 반지름이 3인 사분원의 호이므로 길이는 $\dfrac{\pi}{2}\times 3=4.5$이다.

정답 4.5

01

$$N=6$$

정답 해설

피보나치 수열은 1, 1, 2, 3, 5, 8, 13, …이다.

따라서 6번째에 새로 그리는 곡선은 반지름이 8인 사분원의 호이므로 길이는 $\frac{\pi}{2} \times 8 = 12$이다.

정답 12

02

$$N=7$$

정답 해설

피보나치 수열은 1, 1, 2, 3, 5, 8, 13, …이다.

따라서 7번째에 새로 그리는 곡선은 반지름이 13인 사분원의 호이므로 길이는 $\frac{\pi}{2} \times 13 = 19.5$이다.

정답 19.5

03

$$N=10$$

정답 해설

피보나치 수열은 1, 1, 2, 3, 5, 8, 13, 21, 34, 55, …이다.

따라서 10번째에 새로 그리는 곡선은 반지름이 55인 사분원의 호이므로 길이는 $\frac{\pi}{2} \times 55 = 82.5$이다.

정답 82.5

04

$$N=12$$

정답 해설

피보나치 수열은 1, 1, 2, 3, 5, 8, 13, 21, 34, 55, 89, 144, …이다.

따라서 12번째에 새로 그리는 곡선은 반지름이 144인 사분원의 호이므로 길이는 $\frac{\pi}{2} \times 144 = 216$이다.

정답 216

05

$$N=14$$

정답 해설

피보나치 수열은 1, 1, 2, 3, 5, 8, 13, 21, 34, 55, 89, 144, 233, 377, …이다.

따라서 14번째에 새로 그리는 곡선은 반지름이 377인 사분원의 호이므로 길이는 $\frac{\pi}{2} \times 377 = 565.5$이다.

정답 565.5

※ 도미노는 넘어질 때 크기가 자신의 1.5배 이하인 도미노까지 쓰러뜨릴 수 있고, 자신 크기의 1.5배보다 큰 도미노는 쓰러뜨릴 수 없다고 한다. 다음과 같이 크기가 점점 증가하는 도미노를 일직선 위에 나열하고 쓰러뜨릴 때, 몇 번째 도미노까지 쓰러뜨릴 수 있는지 구하시오(단, 도미노는 왼쪽부터 오른쪽으로 쓰러진다). **[1~5]**

| 10 14 20 28 40 65 85 100 |

정답 5번째

01

| 5 7 8 15 27 36 50 70 110 140 170 205 |

02

6 8 12 15 20 29 43 58 77 98 120 155 200

03

30 40 55 75 100 135 160 230 340 500 650 950 1,500

04

4 5 7 10 13 18 30 42 72 104

05

100 103 106 115 124 151 178 259 340 583 826

※ 준호는 친구와 3 · 6 · 9 게임을 하고 있다. 3 · 6 · 9 게임은 1부터 순서대로 숫자를 부르며 3, 6, 9가 들어가는 수는 수를 부르지 않고 박수를 치는 게임이다. 33, 396과 같이 3, 6, 9가 여러 개 들어가는 숫자는 들어가는 개수만큼 박수를 쳐야 한다. 3 · 6 · 9 게임이 N에서 끝날 때, $(N-1)$까지 박수를 친 총횟수를 구하시오. **[6~10]**

예제

$$N=20$$

정답 6회

06

$$N=40$$

07

$$N=115$$

08

$$N=350$$

09

$$N=777$$

10

$$N=3,333$$

※ 무한히 접을 수 있는 사각형의 종이를 이전 크기의 절반이 되도록 N번 접은 후 다음과 같이 펀치로 구멍을 뚫었을 때 생기는 구멍의 수를 구하시오. **[11~15]**

예제

$$N=2$$

정답 4개

11

$$N=4$$

12

$N=5$

13

$N=8$

14

$N=10$

15

$N=12$

※ N각형의 한 내각에서 다른 내각으로 대각선을 그리려고 한다. N에 대한 수가 다음과 같을 때, 그을 수 있는 대각선의 총개수를 구하시오. [16~20]

예제

$$N=4$$

정답 2개

16

$$N=5$$

17

$$N=7$$

18

$$N=9$$

19

$$N=12$$

20

$$N=50$$

1	2	3	4	5	6	...
3	5	9	17	33	65	...

예제

$$n = 7$$

정답 129

21

$$n = 8$$

22

$$n = 10$$

23

$$n = 12$$

24

$$n = 14$$

25

$$n = 16$$

※ 〈조건〉을 만족하는 수열 a_n에서 n이 다음과 같을 때, a_1부터 a_n까지의 합을 구하시오. [26~30]

조건

- $a_1 = 3$, $a_2 = 4$, $a_3 = 1$
- $a_{n+3} = a_n$

예제

$$n = 18$$

정답 48

26

$$n = 4$$

27

$$n=9$$

28

$$n=19$$

29

$$n=23$$

30

$$n=50$$

※ 거미가 다음과 같이 거미줄을 치고 있다. 처음 주어진 수 N에서 8방향으로 점점 커지는데 넓어지는 칸의 개수만큼 각 자리의 값이 커진다. K번만큼 거미줄을 확장할 때, 모든 칸의 합을 구하시오. [31~35]

$(N+8)+16$	$(N+8)+16$	$(N+8)+16$	$(N+8)+16$	$(N+8)+16$
$(N+8)+16$	$N+8$	$N+8$	$N+8$	$(N+8)+16$
$(N+8)+16$	$N+8$	N	$N+8$	$(N+8)+16$
$(N+8)+16$	$N+8$	$N+8$	$N+8$	$(N+8)+16$
$(N+8)+16$	$(N+8)+16$	$(N+8)+16$	$(N+8)+16$	$(N+8)+16$

예제

$$N=1, \ K=2$$

정답 473

31

$$N=1, \ K=3$$

32

$$N=2, \ K=3$$

33

$$N=3, \ K=4$$

34

$$N=4, \quad K=7$$

35

$$N=7, \quad K=9$$

※ 고양이가 배열의 왼쪽부터 쥐를 한 마리씩 잡고 있다. 쥐의 수치 1당 1초가 걸리며, 쥐를 잡을 때마다 걸린 시간만큼 다른 쥐들의 수치가 늘어난다. 쥐들의 수치가 다음과 같을 때, 모든 쥐를 잡는 데 몇 초가 걸리는지 구하시오. [36~40]

예제

1 4 3

정답 15초

36

1 2 3 4

37

5 4 3 2 1

38

1 1 1 1 2 3

39

15 2 3 4 5 5 15

40

8 5 4 3 4 8 9

※ 서진이는 A마을에서 B마을로 이동해야 하는 게임을 하고 있다. 현재 자원의 양과 1칸당 소모되는 자원의 양은 다음과 같으며, 중간에 함정에 걸리면 해당하는 양만큼 추가로 소모된다고 한다. A마을에서 출발하여 B마을에 도착할 때, 남은 자원의 양을 구하시오(단, 이동 중간에 모든 자원이 소모되면 0을 출력하며, 목적지에 도착할 때는 자원이 소모되지 않는다). [41~45]

예제

A	→	→	함정	→	B
출발			30		도착
현재 자원 : 100					
1칸당 소모되는 자원 : 15					

정답 10

41

A	→	함정	→	함정	→	B
출발		40		80		도착
현재 자원 : 250						
1칸당 소모되는 자원 : 20						

42

A	함정	→	함정	→	→	B
출발	75		250			도착

현재 자원 : 400

1칸당 소모되는 자원 : 25

43

A	→	함정	→	→	→	함정	→	B
출발		20				15		도착

현재 자원 : 150

1칸당 소모되는 자원 : 10

44

A	함정	함정	함정	함정	함정	B
출발	30	40	50	40	30	도착

현재 자원 : 600

1칸당 소모되는 자원 : 50

45

A	→	...	→	B
출발				도착

현재 자원 : 1,000

1칸당 소모되는 자원 : 18

(함정에 걸리지 않고 66개의 칸을 거친다)

※ 다음과 같이 8방향으로 1씩 커지는 무한한 배열이 있을 때, 0에서 시작하여 이동하는 경로가 주어진다. L은 왼쪽으로 1칸, R은 오른쪽으로 1칸, U는 위로 1칸, D는 아래로 1칸이다. 도착 지점의 수를 출력하시오. [46~50]

				⋮					
	4	4	4	4	4	4	4	4	4
	4	3	3	3	3	3	3	3	4
	4	3	2	2	2	2	2	3	4
	4	3	2	1	1	1	2	3	4
⋯	4	3	2	1	0	1	2	3	4	⋯
	4	3	2	1	1	1	2	3	4
	4	3	2	2	2	2	2	3	4
	4	3	3	3	3	3	3	3	4
	4	4	4	4	4	4	4	4	4
				⋮					

예제

LULURLD

정답 2

46

RULDDRURULD

47

RRULDD×3

48

DRURULULDLDR

49

$$\text{URRDDDLLLLUUUURRRRDDDDLLLL} \times 10$$

50

$$\text{RUDLRLUDRLUDLRURULDLRULDRU} \times 100$$

※ L시는 여러 섬을 잇는 다리를 건설하고자 한다. 다리를 통해 모든 섬으로의 이동이 가능하도록 할 때, 건설해야 할 다리 길이의 합의 최솟값을 구하시오. [1~5]

예제

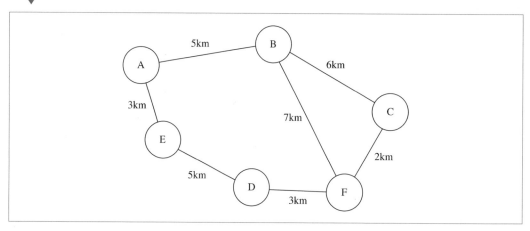

정답 해설

간선의 길이를 오름차순으로 정리하고, 각 간선이 원을 이루지 않도록 고르면 다음과 같다.

간선	C-F	A-E	D-F	A-B	D-E	B-C	B-F
길이(km)	2	3	3	5	5	6	7

따라서 건설해야 할 다리 길이의 합의 최솟값은 2+3+3+5+5=18km이다.

정답 18km

01

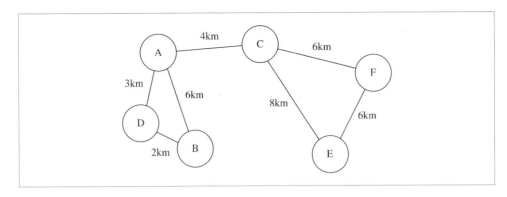

정답 해설 ─────────────────────────────────○

간선	B−D	A−D	A−C	A−B	C−F	E−F	C−E
길이(km)	2	3	4	6	6	6	8

따라서 건설해야 할 다리 길이의 합의 최솟값은 2+3+4+6+6=21km이다.

정답 21km

02

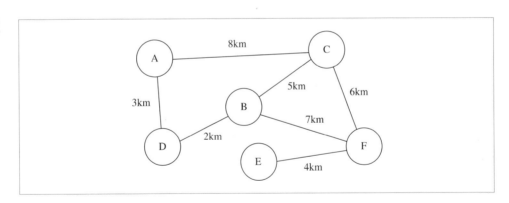

정답 해설 ─────────────────────────────────○

간선	B−D	A−D	E−F	B−C	C−F	B−F	A−C
길이(km)	2	3	4	5	6	7	8

따라서 건설해야 할 다리 길이의 합의 최솟값은 2+3+4+5+6=20km이다.

정답 20km

03

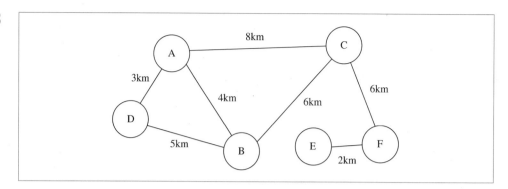

정답 해설

간선	E-F	A-D	A-B	B-D	B-C	C-F	A-C
길이(km)	2	3	4	5	6	6	8

따라서 건설해야 할 다리 길이의 합의 최솟값은 2+3+4+6+6=21km이다.

정답 21km

04

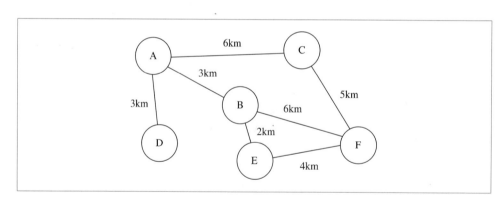

정답 해설

간선	B-E	A-B	A-D	E-F	C-F	A-C	B-F
길이(km)	2	3	3	4	5	6	6

따라서 건설해야 할 다리 길이의 합의 최솟값은 2+3+3+4+5=17km이다.

정답 17km

05

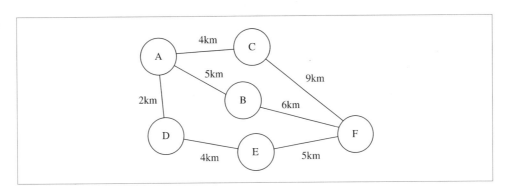

간선	A－D	A－C	D－E	A－B	E－F	B－F	C－F
길이(km)	2	4	4	5	5	6	9

따라서 건설해야 할 다리 길이의 합의 최솟값은 2＋4＋4＋5＋5＝20km이다.

정답 20km

정답 및 해설 p.056

※ 희재는 제과점에 밀가루를 납품하는 일을 하고 있다. 납품하는 밀가루는 3kg 포대와 7kg 포대 두 종류
가 있다. 제과점에서 원하는 무게를 정확하게 맞춰 3kg 밀가루 포대 수와 7kg 밀가루 포대 수의 합이
최소가 되도록 납품하려고 할 때, 포대 수의 합을 구하시오. **[1~5]**

예제

17

정답 3포대

01

31

02

13

03

24

04

36

05

41

※ 채아는 이번 어린이날에 장난감을 고아원에 기부하고자 한다. 장난감 묶음의 무게는 5kg과 8kg 두 종류가 있다. 기부하려는 무게를 정확하게 맞춰 5kg 묶음 수와 8kg 묶음 수의 합이 최소가 되도록 기부하려고 할 때, 묶음 수의 합을 구하시오. [6~10]

예제

314

정답 40묶음

06

413

07

626

08

715

09

820

10

999

※ 어느 쇼핑몰에서 사은품을 주는 이벤트를 한다. 사은품으로는 700원, 2,000원, 5,000원어치 물건이 준비되어 있고 정해진 금액에 정확하게 맞춰 사은품을 골라야 한다. 정해진 금액에 따라 사은품을 고를 때 최소의 개수로 고른다면 몇 개의 사은품을 고를 수 있는지 구하시오. [11~15]

예제

| 12,700원 |

정답 4개

11

| 9,700원 |

12

8,400원

13

19,700원

14

27,700원

15

32,600원

※ 여러 종류의 벽돌을 벽의 목표 수치까지 쌓으려 한다. 벽의 목표 수치와 벽돌의 종류에 따른 수치가 다음과 같을 때, 최소 개수의 벽돌을 이용하여 벽을 완성하려 한다. 사용한 벽돌의 개수를 구하시오(단, 모든 종류의 벽돌을 사용하지 않아도 된다). [16~20]

예제

목표 벽 : 50
벽돌 : 2 3 4

정답 13개

16

목표 벽 : 71
벽돌 : 2 3 4

17

목표 벽 : 159
벽돌 : 1 2 7

18

목표 벽 : 1,234
벽돌 : 1 4 8 9 13

19

| 목표 벽 : 95,421 |
| 벽돌 : 2 9 17 48 |

20

| 목표 벽 : 654,831 |
| 벽돌 : 1 3 12 68 156 |

※ 유치원의 각 반에 a인용 테이블과 b인용 테이블을 배치하고자 한다. 각 반에 a인용 테이블은 반드시 1개만 배치해야 하며, b인용 테이블은 배치하지 않아도 된다고 한다. 각 반의 원생 수에 맞추어 테이블의 수를 최소한으로 배치할 때, 필요한 테이블 수의 합을 구하시오. **[21~25]**

반	A	B	C
원생 수	12	25	42

$$a=10, \ b=4$$

정답 16개

21

반	A	B	C
원생 수	15	18	23

$$a=11, \ b=5$$

22

반	A	B	C
원생 수	13	20	40

$$a=15, \ b=6$$

23

반	A	B	C
원생 수	17	19	38

$$a=20, \ b=8$$

24

반	A	B	C	D
원생 수	13	30	28	42

$$a=15, \ b=9$$

25

반	A	B	C	D	E
원생 수	15	26	35	30	55

$$a=18, \ b=7$$

※ 다음과 같이 크기와 색이 서로 다른 페인트 통이 무한개 있다. 벽을 빈틈없이 칠하기 위해 필요한 페인트 통 개수의 최솟값을 구하시오(단, 모든 색의 페인트를 적어도 1개씩은 사용해야 하며, 한 번 사용한 페인트는 남아서는 안 된다). [26~30]

예제

빨간색 4, 초록색 3, 파란색 2
벽 크기 : 15

정답 5개

26
빨간색 1, 초록색 2, 파란색 3
벽 크기 : 9

27

빨간색 5, 초록색 1, 파란색 2
벽 크기 : 20

28

빨간색 4, 초록색 3, 파란색 2
벽 크기 : 25

29

빨간색 6, 초록색 3, 파란색 2
벽 크기 : 40

30

빨간색 5, 초록색 3, 파란색 1
벽 크기 : 50

※ 다음과 같이 크기와 색이 서로 다른 페인트 통이 무한개 있다. 바닥을 빈틈없이 칠하기 위해 필요한 페인트 통 개수의 최솟값을 구하시오(단, 모든 색의 페인트를 적어도 1개씩은 사용해야 하며, 한 번 사용한 페인트는 남아서는 안 된다). [31~35]

예제

노란색 5, 보라색 4, 주황색 3, 하늘색 2
바닥 크기 : 16

정답 5개

31

노란색 1, 보라색 4, 주황색 3, 하늘색 2
바닥 크기 : 20

32

> 노란색 5, 보라색 4, 주황색 1, 하늘색 2
> 바닥 크기 : 25

33

> 노란색 6, 보라색 1, 주황색 3, 하늘색 2
> 바닥 크기 : 30

34

노란색 5, 보라색 4, 주황색 6, 하늘색 2
바닥 크기 : 40

35

노란색 7, 보라색 4, 주황색 1, 하늘색 2
바닥 크기 : 100

※ 구슬이 N개 있다. 나누어 담을 구슬의 수를 모두 합한 만큼 한 주머니에 들어가도록 여러 주머니에 나누어 담고, 남은 구슬은 주어진 나누어 담을 구슬의 수만큼 나누어 다른 주머니에 남김없이 담을 때, 필요한 주머니의 최소 개수를 구하시오. **[36~40]**

예제

$N=50$개
나누어 담을 구슬의 수 : 2개, 3개

정답 10개

36

$N=82$개
나누어 담을 구슬의 수 : 7개, 4개

37

$N=126$개
나누어 담을 구슬의 수 : 14개, 10개

38

$N=276$개
나누어 담을 구슬의 수 : 11개, 13개, 17개

39

$N=735$개
나누어 담을 구슬의 수 : 20개, 21개, 22개

40

$N=1,636$개
나누어 담을 구슬의 수 : 3개, 5개, 7개, 10개

※ 정부는 도시들을 오갈 수 있는 도로를 건설하고자 한다. 도로를 통해 모든 도시로의 이동이 가능하도록 할 때, 건설해야 할 도로 길이의 합의 최솟값을 구하시오. [41~45]

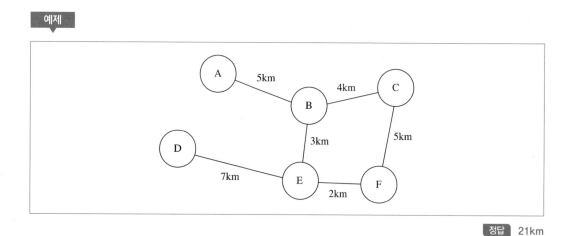

정답 21km

41

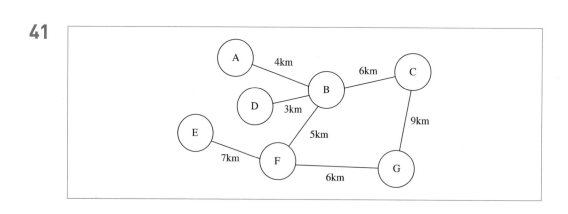

42

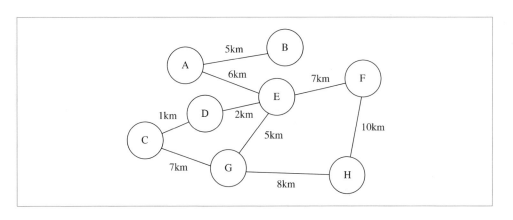

43

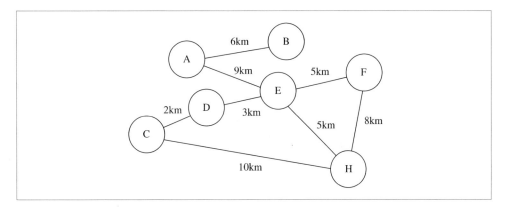

44

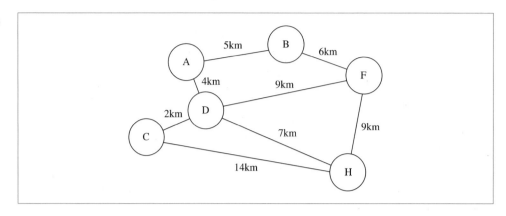

45

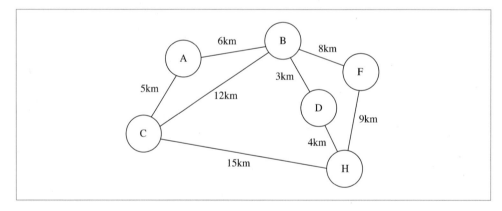

※ 정부는 도시들을 오갈 수 있는 도로를 건설하고자 한다. 도로를 통해 모든 도시로의 이동이 가능하도록 할 때, 건설해야 할 도로 길이의 합의 최솟값을 구하시오. [46~50]

예제

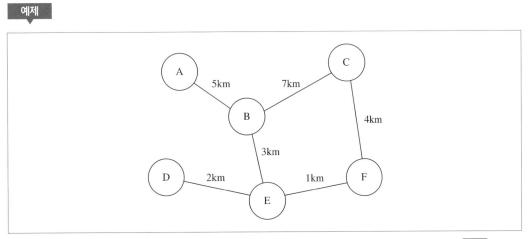

정답 15km

46

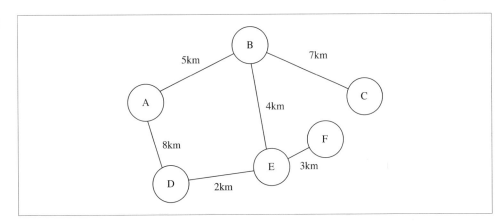

47

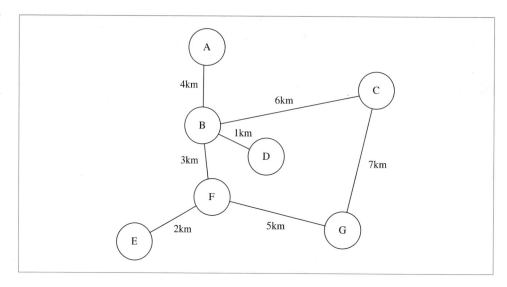

48

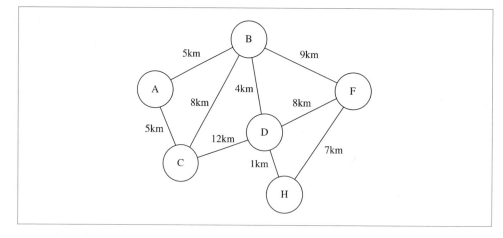

49

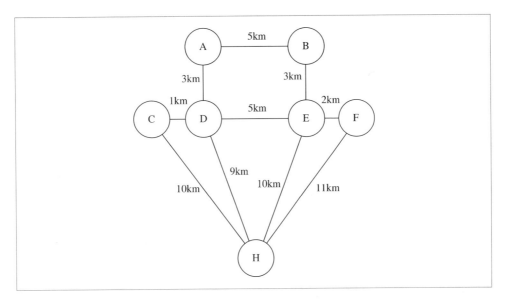

50

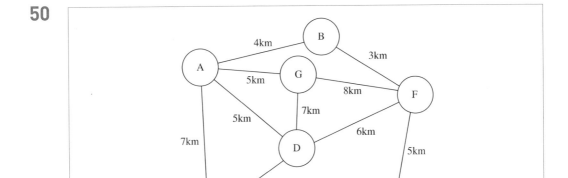

※ 희수는 여행 경로를 짜는 도중 출발 지점에서 도착 지점까지 가는 경로가 다양하다는 것을 발견하였다. 다음과 같은 경로에서 출발 지점에서 도착 지점까지 가장 빨리 도착할 수 있는 경로의 길이를 구하시오 (단, 속력은 항상 같다). [51~55]

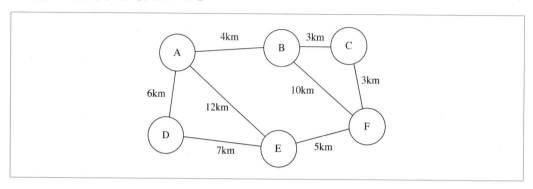

예제

출발 지점 : A
도착 지점 : F

정답 10km

51

출발 지점 : B
도착 지점 : E

52

출발 지점 : C
도착 지점 : A

53

출발 지점 : C
도착 지점 : D

54

출발 지점 : D
도착 지점 : F

55

출발 지점 : E
도착 지점 : C

※ 경진이가 이직하려는 회사에 승용차로 이동하기 위해 경로를 확인하는 도중, 집에서 회사까지 가는 경로가 다양하다는 것을 알게 되었다. 다음과 같은 경로에 따른 길이가 주어졌을 때, 집에서 회사까지 가장 빨리 도착할 수 있는 경로의 길이를 구하시오(단, 속력은 항상 같다). [56~60]

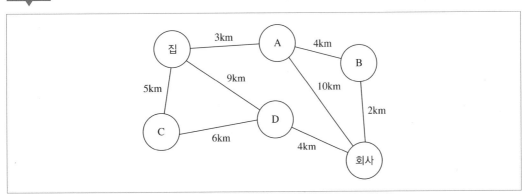

정답 9km

56

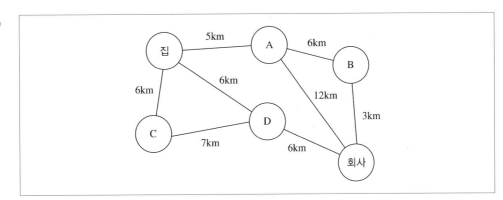

57

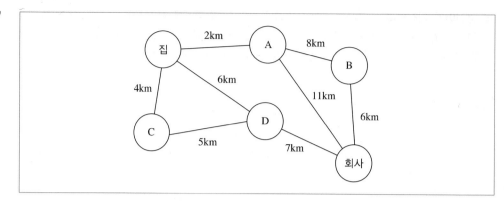

58

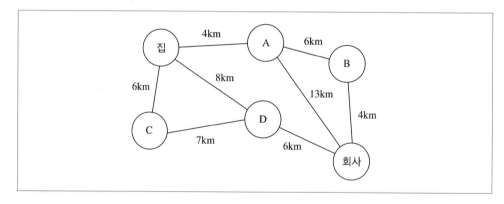

59

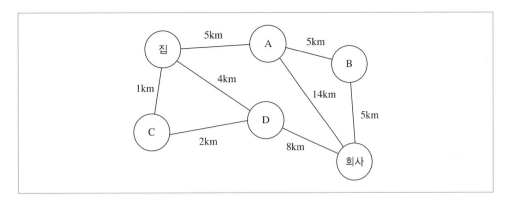

60

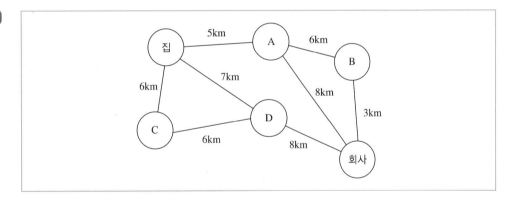

※ 어떤 레이싱 게임에서 다음과 같은 경로를 추가하려고 한다. 경로에 따라 얻을 수 있는 점수가 다음과 같을 때, 시작 지점부터 목표 지점까지 얻게 되는 최소 점수를 구하시오(단, 한 번 지나간 지점은 다시 거쳐갈 수 없으며, 점수의 합은 음수일 수 있다). [61~65]

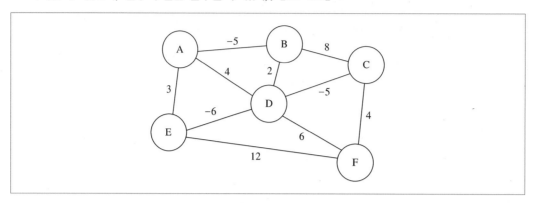

예제

시작 지점 : A
목표 지점 : C

정답 −8

61

시작 지점 : A
목표 지점 : B

62

시작 지점 : A
목표 지점 : D

63

시작 지점 : B
목표 지점 : C

64

시작 지점 : E
목표 지점 : A

65

시작 지점 : F
목표 지점 : B

※ 케이블카를 이용하여 최소한의 이동으로 최대한 많은 손님을 태우고 가려 한다. 케이블카의 수용인원은 한 번에 전체 손님 수의 평균에서 소수점을 버림하여 일의 자리까지 나타낸 값만큼 태울 수 있고, 손님은 배열의 왼쪽부터 탑승시켜야 한다. 또한 한 번 탑승한 케이블카는 다시 탑승할 수 없다. 손님 수에 대한 배열이 다음과 같을 때, 모든 손님을 이동시키려면 총 몇 대의 케이블카가 필요한지 구하시오(단, 배열의 한 요소가 케이블카의 수용인원보다 많다면 나눠서 태울 수는 있지만, 배열의 요소끼리 합하여 태울 수는 없다). [66~70]

PART 1
CT 유형학습

예제

2 4 3 1

정답 6대

66

3 5 4 2

67

243375

68

615244

69

27458614

70

4879587439

※ 택시를 이용하여 최소한의 이동으로 최대한 많은 승객을 태우고 가려 한다. 택시의 수용인원은 한 번에 전체 승객 수의 평균에서 소수점을 버림하여 일의 자리까지 나타낸 값만큼 태울 수 있고, 승객은 배열의 왼쪽부터 탑승시켜야 한다. 또한 한 번 탑승한 택시는 다시 탑승할 수 없다. 승객 수에 대한 배열이 다음과 같을 때 택시의 수가 다음과 같이 제한되어 있으면, 택시에 태우고 남은 승객의 수를 구하시오 (단, 배열의 한 요소가 택시의 수용인원보다 많다면 나눠서 태울 수는 있지만, 배열의 요소끼리 합하여 태울 수는 없다). **[71~75]**

예제

승객 배열 : 3 4 3 2
택시 수 : 3

정답 5명

71

승객 배열 : 2 4 3 4
택시 수 : 4

72

> 승객 배열 : 6 3 7 5
> 택시 수 : 2

73

> 승객 배열 : 4 5 6 3 2
> 택시 수 : 3

74

승객 배열 : 4 1 3 4 6
택시 수 : 3

75

승객 배열 : 2 3 4 1 3 7
택시 수 : 5

※ 좌우로 움직이는 자석이 아래에 있는 철재로 된 물건들을 잡으려 한다. 자석과의 거리가 1 차이나는 물건을 잡을 수 있으며, 물건을 잡으면 자석의 높이가 1 낮아지고, 자석과 물건의 거리가 2 이상 차이나는 물건은 잡을 수 없다. 다음과 같이 자석의 높이와 일렬로 놓인 물건들의 높이 배열이 주어졌을 때, 자석은 물건 배열의 맨 왼쪽부터 시작하거나 맨 오른쪽부터 시작할 수 있으며, 자유롭게 좌우로 움직일 수 있다. 만약 자석의 높이가 물건의 높이와 같아진다면 더는 그 방향으로 나아갈 수 없으며, 그 물건을 잡을 수 없다. 자석의 높이와 물건들의 높이 배열이 다음과 같을 때, 최대 몇 개의 물건을 잡을 수 있는지 구하시오(단, 물건들의 크기는 전부 동일하며, 단지 물건들이 위치한 높이가 다를 뿐이다). [76~80]

예제

자석 높이 : 3 물건 높이 배열 : 1 2 3

정답 2개

76

자석 높이 : 5 물건 높이 배열 : 4 3 2 1

77

자석 높이 : 5
물건 높이 배열 : 3 2 4 1

78

자석 높이 : 6
물건 높이 배열 : 3 5 4 4 6 3 2 1

79

자석 높이 : 7
물건 높이 배열 : 4 1 2 3 7 6 3 2 7 5 4 4 3 3 2 1 4

80

자석 높이 : 8
물건 높이 배열 : 3 4 6 7 1 5 9 7 2 5 3 2 1 6 5 4

※ 강판에 총을 쏘면 뚫은 강판의 수치만큼 총알의 수치가 낮아진다. 배열의 왼쪽부터 뚫을 계획이며, 강판을 옮길 수 있으나 뚫은 총 강판의 수에서 옮긴 강판의 수를 제외해야 한다. 총알의 수치와 강판의 배열이 다음과 같을 때, 최대 몇 개의 강판을 뚫을 수 있는지 구하시오(단, 총알의 수치는 0 미만으로 내려갈 수 없으며, 총알의 수치보다 큰 강판은 뚫을 수 없다). [81~85]

예제

총알 : 5
강판 배열 : 2 4 5

정답 1개

81

총알 : 10
강판 배열 : 3 3 5 5 6 6

82

총알 : 10
강판 배열 : 6 5 4 3 2 1

83

총알 : 15
강판 배열 : 1 9 1 7 2 1 8 2 3 5 6 1 3

84

총알 : 30
강판 배열 : 1 4 3 5 1 6 30 11 8 9 1 2 3 4 5 6 1 2 3 7 1 8 9 1 2 3

85

총알 : 50
강판 배열 : 50 49 48 47 46 45 … 5 4 3 2 1

※ 숫자가 적혀있는 택배 상자가 있다. 적혀있는 숫자는 무게를 나타내며, 최대한 많은 짐을 최소한의 움직임으로 옮기려 한다. 바구니에 적혀있는 무게만큼 택배 상자를 넣을 수 있을 때, 최소 몇 번 움직여야 하는지 구하시오(단, 하나의 택배 상자를 나누어 옮길 수는 없다). **[86~90]**

예제

| 바구니 : 2 |
| 택배 상자 : 2 3 3 |

정답 1번

86

| 바구니 : 3 |
| 택배 상자 : 1 2 3 4 5 |

PART 1

CT 유형학습

87

> 바구니 : 9
> 택배 상자 : 1 5 7 9 10

88

> 바구니 : 200
> 택배 상자 : 1 6 78 90 99 109

89

바구니 : 91
택배 상자 : 40 41 42 43 45 46 47 48

90

바구니 : 41
택배 상자 : 14 18 27 19 26 15 17 4

※ 눈사람을 만들고자 눈덩이를 굴리려고 한다. 눈덩이는 배열의 왼쪽부터 시작하여 1개의 눈덩이와 합쳐질 때마다 합친 눈덩이의 수치만큼 눈덩이가 커지며, 자신보다 큰 수치의 눈덩이와는 합쳐질 수 없다. 어떤 눈덩이를 먼저 합칠지에 대해서 눈덩이 배열을 임의로 변경할 수 있으며, 순서를 변경한 눈덩이는 수치 1을 더한다. 처음 눈덩이의 수치와 눈덩이에 대한 배열이 다음과 같을 때, 최대한 많은 눈덩이를 연달아 합칠 수 있을 때의 배열을 구하시오(단, 눈덩이는 배열의 맨 왼쪽 눈덩이를 맨 오른쪽으로만 보낼 수 있고, 한번 굴리기 시작하면 도중에 멈출 수 없으며, 정답 배열은 눈덩이를 옮긴 후의 수치로 한다). [91~95]

예제

처음 눈덩이 : 2
눈덩이 배열 : 3 5 2

정답 2 4 6

91

처음 눈덩이 : 1
눈덩이 배열 : 1 2 3 4

92

> 처음 눈덩이 : 3
> 눈덩이 배열 : 4 3 7 8

93

> 처음 눈덩이 : 2
> 눈덩이 : 3 7 1 5 4

94

처음 눈덩이 : 3
눈덩이 배열 : 1 3 5 2 3 7

95

처음 눈덩이 : 4
눈덩이 배열 : 8 7 6 5 4 3 2 1

※ 다음과 같이 임의의 위치에 놓인 동전을 수집하는 로봇이 있다. 동전이 배치된 지도가 다음과 같을 때, 출발 지점에서 도착 지점에 이르기까지 로봇이 수집할 수 있는 동전의 최대 개수를 구하시오(단, 로봇은 오른쪽 또는 아래쪽으로만 움직일 수 있다). [96~100]

예제

출발	○				○
			○		
		○			
					도착

정답 2개

96

출발			○		
			○		
		○		○	
					도착

97

출발				○	
	○				
					○
				○	도착

98

출발			○		○
					○
		○		○	
		○			도착

99

출발			○		
				○	○
		○			
			○		
					도착

100

출발		○			○
			○		○
				○	
	○				도착

※ 정수는 어떤 게임에서 캐릭터를 조종하여 광물을 주워 상점에 팔고자 한다. 광물이 배치된 지도가 다음과 같을 때, 출발 지점에서 도착 지점에 이르기까지 캐릭터가 얻을 수 있는 광물의 가치의 최댓값을 구하시오(단, 캐릭터는 오른쪽 또는 아래쪽으로만 움직일 수 있다). [101~105]

예제

출발			10	
		20	50	
10		30		20
			20	도착

정답 90

101

출발		30		
	50	20		
		10		10
				도착

102

출발			20		40
				10	
		30			
	50				
				10	도착

103

출발			30		40
				10	
		30			
	50				
				10	도착

104

출발			40		30
				20	
		50			
	30				
				20	도착

105

출발	10		20		40
		30		10	
			30	20	도착

PART 2

최종점검 모의고사

※ 학원 강사 A씨는 학생들의 수학 점수를 정리하고자 한다. 다음 선택 정렬에 따라 학생들의 점수를 왼쪽부터 오름차순으로 정렬할 때, 정렬이 완료될 때까지 필요한 이동 횟수를 구하시오. **[1~5]**

[선택 정렬]

3	8	2	7	6	4

① 주어진 리스트에서 가장 작은 값인 2를 가장 앞에 위치한 3과 교환한다.

3	8	2	7	6	4	→	2	8	3	7	6	4

이동 횟수 : 1회

② 고정된 1번째 값을 제외한 나머지 값에서 가장 작은 값인 3을 2번째 값인 8과 교환한다.

2	8	3	7	6	4	→	2	3	8	7	6	4

이동 횟수 : 2회

③ 고정된 1번째 값, 2번째 값을 제외한 나머지 값에서 가장 작은 값인 4를 3번째 값인 8과 교환한다.

2	3	8	7	6	4	→	2	3	4	7	6	8

이동 횟수 : 3회

④ 고정된 1번째 값, 2번째 값, 3번째 값을 제외한 나머지 값에서 가장 작은 값인 6을 4번째 값인 7과 교환한다.

2	3	4	7	6	8	→	2	3	4	6	7	8

이동 횟수 : 4회

⑤ 고정된 1번째 값, 2번째 값, 3번째 값, 4번째 값을 제외한 나머지 값 7, 8이 오름차순으로 정렬되어 있으므로 정렬이 완료되었다.

2	3	4	6	7	8

예제

77	80	95	92	88	66	85

정답 5회

01

88	82	90	97	75	80	87

02

78	82	80	86	95	90	97

03

87	62	92	96	100	77	83

04

98	88	80	82	76	84	91

05

70	82	77	96	85	88	97

※ S호텔이 예약받은 행사의 시작 시각 및 종료 시각은 다음과 같다. 한 홀에 최대한 많은 예약을 배정하려고 할 때, 배정 순서를 구하시오(단, 각 행사의 진행 시간을 겹쳐서 배정할 수 없다). [6~10]

예제

예약	A	B	C	D	E
시작 시각	15:30	18:00	15:00	14:00	11:00
종료 시각	17:30	21:30	20:00	15:00	12:00

정답 E → D → A → B

06

예약	A	B	C	D	E
시작 시각	09:00	11:00	10:00	15:00	17:00
종료 시각	10:30	15:00	15:30	16:00	18:00

07

예약	A	B	C	D	E
시작 시각	09:00	09:30	12:30	15:00	12:00
종료 시각	13:30	12:30	15:00	17:00	17:00

08

예약	A	B	C	D	E
시작 시각	08:00	08:00	13:00	13:00	16:00
종료 시각	15:00	12:30	15:00	16:30	18:00

09

예약	A	B	C	D	E
시작 시각	09:00	12:00	13:00	15:00	08:00
종료 시각	15:30	18:00	15:00	17:00	12:00

10

예약	A	B	C	D	E
시작 시각	09:00	11:30	12:00	15:00	14:00
종료 시각	11:00	12:00	15:30	18:00	15:00

※ 암호화된 코드의 숫자 0 ~ 9를 다음과 같이 알파벳 A ~ J로 대응시켜 변환한 코드를 구하시오.
[11~15]

숫자	0	1	2	3	4	5	6	7	8	9
대응 알파벳	A	B	C	D	E	F	G	H	I	J

〈숫자 – 알파벳 변환〉

예제

Po3D1zS

정답 PoDDBzS

11

Sd08pvcD

12

Dui2fS6c1

13

s7VSAdoD9

14

9sD3as0

15

K4XcjD7saP4

※ 장난감 블록을 다음 그림과 같이 쌓으려고 한다. 블록이 N개 있을 때 블록으로 쌓을 수 있는 층은 최대 몇 층인지 구하시오. [16~20]

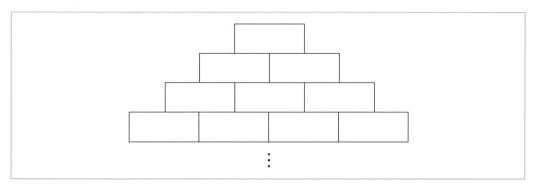

예제

$$N=10$$

정답 4층

16

$$N=50$$

17

$$N = 128$$

18

$$N = 750$$

19

$$N=999$$

20

$$N=2{,}023$$

※ 여러 마을을 잇는 다리를 건설하고자 한다. 다리를 통해 모든 마을로의 이동이 가능하도록 할 때, 건설 해야 할 다리 길이의 합의 최솟값을 구하시오. [21~25]

예제

정답 16km

21

22

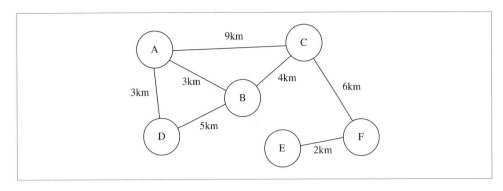

23

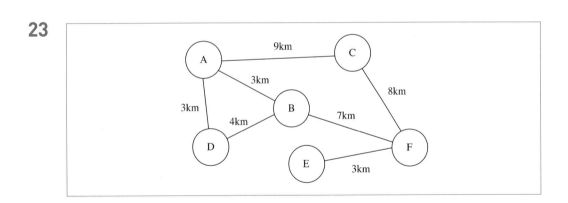

24

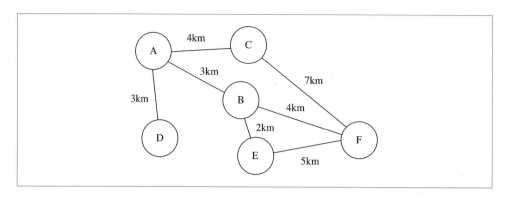

25

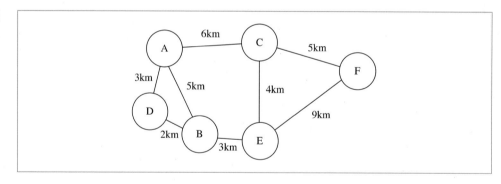

※ S마트에 근무하는 성호는 다음과 같이 진열되어 있는 제품을 왼쪽부터 제조일이 오래된 순서에 따라 정리하면서 순서에 맞지 않는 제품을 제거하려고 한다. 최대한 많은 물건이 남아있게 하기 위하여 제거한 제품 수의 최솟값을 구하시오(단, 물건의 위치는 변경할 수 없으며, 물건을 제거하지 않아도 되면 0개를 출력한다). [1~5]

예제

제품	A	B	C	D	E	F	G
제조일	2023년 8월 7일	2023년 9월 15일	2023년 10월 26일	2022년 12월 15일	2023년 12월 18일	2023년 1월 14일	2024년 1월 23일

정답 2개

01

제품	A	B	C	D	E	F	G
제조일	2023년 2월 13일	2023년 3월 13일	2023년 1월 12일	2023년 4월 23일	2023년 5월 7일	2023년 5월 12일	2023년 5월 30일

02

제품	A	B	C	D	E	F	G
제조일	2023년 5월 31일	2023년 4월 17일	2023년 3월 12일	2023년 6월 23일	2023년 7월 20일	2023년 5월 12일	2023년 8월 22일

03

제품	A	B	C	D	E	F	G
제조일	2023년 11월 30일	2023년 11월 15일	2023년 12월 12일	2024년 1월 23일	2024년 1월 5일	2024년 2월 22일	2024년 2월 28일

04

제품	A	B	C	D	E	F	G
제조일	2023년 5월 17일	2023년 6월 3일	2023년 6월 27일	2023년 7월 15일	2023년 7월 19일	2023년 9월 13일	2023년 9월 29일

05

제품	A	B	C	D	E	F	G
제조일	2023년 12월 28일	2024년 1월 13일	2024년 1월 7일	2024년 2월 15일	2024년 2월 1일	2024년 3월 15일	2024년 2월 20일

※ N개의 자리가 있는 원탁에 N명이 앉으려 한다. N에 대한 수가 다음과 같을 때, 앉을 수 있는 방법은 모두 몇 가지인지 구하시오. [6~10]

예제

$$N=3$$

정답 2가지

06

$$N=4$$

07

$$N=5$$

08

$$N=6$$

09

$$N=8$$

10

$$N=10$$

※ 영호는 어떤 게임에서 다음과 같은 트리 구조의 장소에서 사냥을 하고 있다. 이 장소의 클리어 조건은 모든 구역을 클리어하는 것이다. 각 구역에 고유 번호가 붙어 있고 너비 우선 탐색 기법으로 각 구역을 방문한다고 할 때, 방문 순서를 구하시오(단, 1 먼저 방문한다). [11~15]

예제

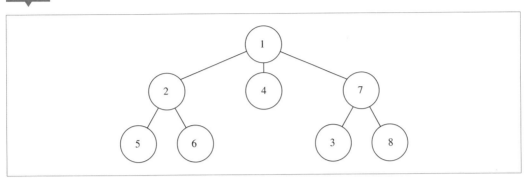

정답 1 → 2 → 4 → 7 → 5 → 6 → 3 → 8

11

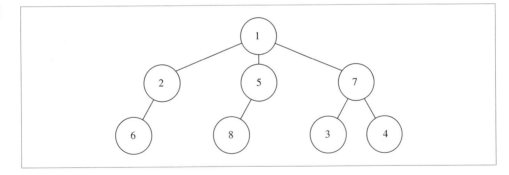

12

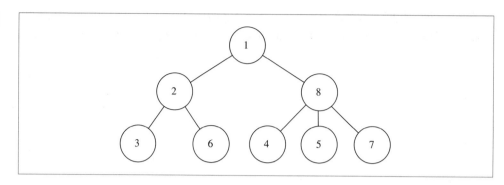

13

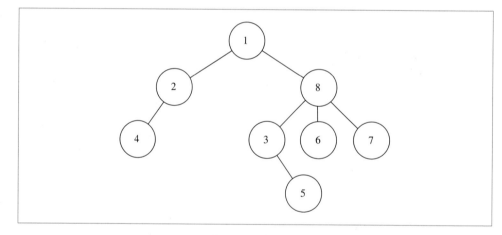

14

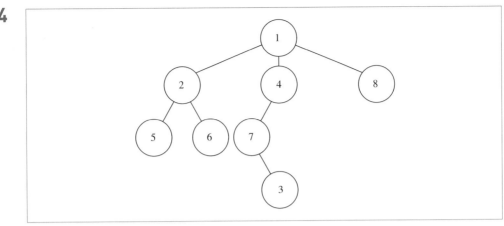

15

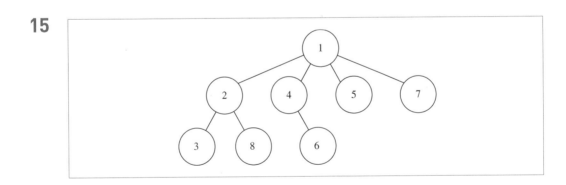

※ 독일의 수학자 로타르 콜라츠가 제안한 가설에서 n이 다음과 같을 때, 1이 처음으로 나오기 위해서는 몇 번의 과정을 거쳐야 하는지 구하시오(단, 1번째 수는 1번째 과정을 거친 것으로 가정한다). [16~20]

모든 자연수 n에 대하여 n이 홀수이면 3을 곱한 후 1을 더하고, n이 짝수이면 2를 나누는 과정을 반복하면 종극에는 4, 2, 1을 무한히 순환한다.

예제

$$n = 4$$

정답 3번

16

$$n = 6$$

17

$$n=8$$

18

$$n=9$$

19

$$n = 15$$

20

$$n = 21$$

※ 석현이는 캐릭터를 조종하여 보석을 줍는 게임을 하려고 한다. 보석이 배치된 지도가 다음과 같을 때, 출발 지점에서 도착 지점에 이르기까지 캐릭터가 획득할 수 있는 보석의 최대 개수를 구하시오(단, 캐릭터는 오른쪽 또는 아래쪽으로만 움직일 수 있다). [21~25]

예제

출발				◆	
		◆		◆	
◆		◆			◆
			◆		도착

정답 3개

21

출발					◆
		◆		◆	
◆		◆			◆
					도착

22

출발		◆		◆	
			◆		◆
	◆			◆	
					도착

23

출발				◆	◆
	◆		◆		
	◆				
			◆	◆	도착

24

출발			◆		
				◆	
	◆		◆		
			◆		
			◆		도착

25

출발					◆
	◆			◆	
		◆	◆		
			◆		
				◆	도착

※ 다음은 어느 도시의 1주일 동안의 낮 최고기온을 나타낸 자료이다. 버블 정렬에 따라 낮 최고기온을 왼쪽부터 내림차순으로 정렬할 때, 정렬이 완료될 때까지 필요한 회전수를 구하시오. [1~5]

[버블 정렬]

| 1 | 4 | 2 | 7 | 5 | 8 |

① 주어진 리스트에서 1번째 값인 1과 2번째 값인 4를 비교하여 큰 값인 4가 앞에 오도록 한다.

| 1 | 4 | 2 | 7 | 5 | 8 | → | 4 | 1 | 2 | 7 | 5 | 8 |

② 2번째 값인 1과 3번째 값인 2를 비교하여 큰 값인 2가 앞에 오도록 한다.

| 4 | 1 | 2 | 7 | 5 | 8 | → | 4 | 2 | 1 | 7 | 5 | 8 |

③ 이 작업을 반복하여 ($N-1$)번째 값과 N번째 값까지 비교한다. N번째 값이 고정되면 1회전한 것으로 본다.

| 4 | 2 | 1 | 7 | 5 | 8 | → | 4 | 2 | 7 | 1 | 5 | 8 |

→ | 4 | 2 | 7 | 1 | 5 | 8 | → | 4 | 2 | 7 | 5 | 1 | 8 |

→ | 4 | 2 | 7 | 5 | 1 | 8 | → | 4 | 2 | 7 | 5 | 8 | 1 |

→ | 4 | 2 | 7 | 5 | 8 | 1 |

④ 리스트의 모든 숫자가 고정될 때까지 고정되지 않은 숫자들에 한해서 ①~③ 과정을 반복한다.

예제

날짜	7월 10일	7월 11일	7월 12일	7월 13일	7월 14일	7월 15일	7월 16일
낮 최고기온(℃)	29.3	30.2	32.5	31.3	33.8	33.0	32.7

정답 4회전

01

날짜	10월 12일	10월 13일	10월 14일	10월 15일	10월 16일	10월 17일	10월 18일
낮 최고기온(℃)	20.3	21.7	20.2	19.8	19.2	20.5	21.6

02

날짜	11월 27일	11월 28일	11월 29일	11월 30일	12월 1일	12월 2일	12월 3일
낮 최고기온(℃)	10.1	9.7	9.9	8.5	8.8	9.5	9.3

03

날짜	1월 15일	1월 16일	1월 17일	1월 18일	1월 19일	1월 20일	1월 21일
낮 최고기온(℃)	-2.7	-4.7	-3.5	-4.9	-7.2	-5.2	-8.6

04

날짜	3월 1일	3월 2일	3월 3일	3월 4일	3월 5일	3월 6일	3월 7일
낮 최고기온(℃)	13.2	11.2	13.8	10.3	12.5	12.0	11.6

05

날짜	6월 22일	6월 23일	6월 24일	6월 25일	6월 26일	6월 27일	6월 28일
낮 최고기온(℃)	31.3	30.2	29.8	32.5	30.0	28.7	31.7

※ 지수와 충재가 주사위를 이용한 계단 오르기 게임을 하고 있다. 주사위를 던져 홀수 눈으로 이기면 계단을 3칸 오르고, 짝수 눈으로 이기면 계단을 10칸 오른다. 반대로 주사위를 던져 홀수 눈으로 지면 계단을 3칸 내려가고, 짝수 눈으로 지면 계단을 10칸 내려간다. 충재가 처음 서 있던 계단 위치는 a번째 이고, 게임을 N회 실행 후 b번째 계단에 서 있다. a번째 계단에서 b번째 계단으로 가기 위한 게임의 최소 실행 횟수 N의 값을 구하시오(단, 비기는 경우 그 게임은 무효로 하며 횟수에 포함시키지 않는다). [6~10]

예제

$$a=5, \ b=10$$

정답 6

06

$$a=10, \ b=9$$

07

$$a=10, \quad b=12$$

08

$$a=7, \quad b=7$$

09

$$a=1, \ b=21$$

10

$$a=25, \ b=150$$

※ 다음 트리의 층별 순회에 대한 설명을 읽고, 주어진 노드를 층별 순회로 탐색 시 타깃 알파벳은 몇 번째에서 찾을 수 있는지 구하시오. [11~15]

트리는 1개 이상의 유한한 개수의 노드가 서로 겹치지 않고 루프를 만들지 않는 링크로 연결된 자료구조이다. 상위 노드(부모 노드)가 없는 노드를 루트 노드라고 하며, 하나의 트리는 단 하나의 루트 노드를 가진다. 하위 노드(자식 노드)가 없는 노드를 잎 노드라고 한다.
트리의 자료 탐색 과정 중 층별 순회는 해당 자료구조에서 가장 상위, 가장 왼쪽 노드부터 순차적으로 탐색하는 과정이다.

예제

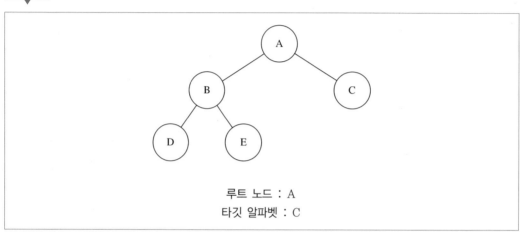

루트 노드 : A
타깃 알파벳 : C

정답 3번째

11

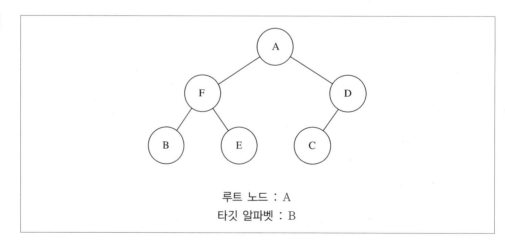

루트 노드 : A
타깃 알파벳 : B

12

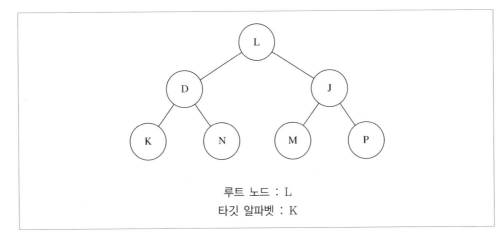

루트 노드 : L
타깃 알파벳 : K

13

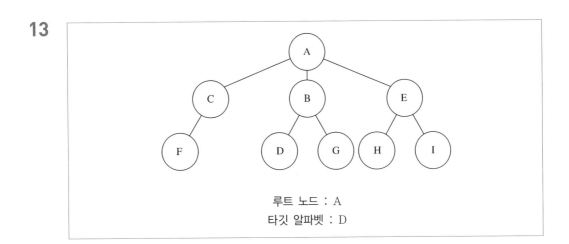

루트 노드 : A
타깃 알파벳 : D

14

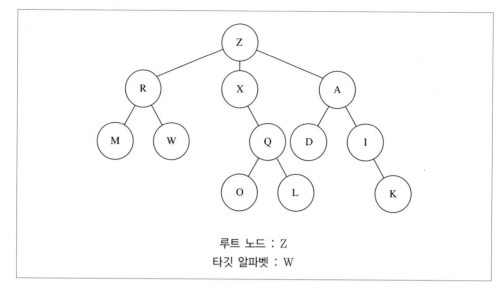

루트 노드 : Z
타깃 알파벳 : W

15

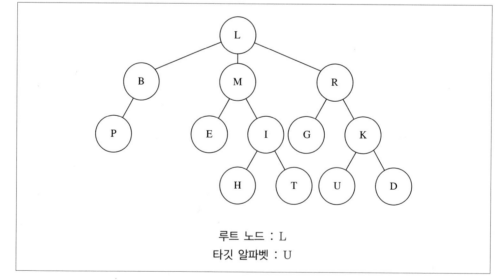

루트 노드 : L
타깃 알파벳 : U

※ 다음과 같은 모양의 포도가 있다. 포도 제일 윗줄의 포도알 개수가 홀수 개로 주어질 때 포도 전체의
   포도알 개수를 구하시오(단, 포도알의 개수는 아랫줄로 갈수록 양쪽에서 등차수열로 적어진다).
   [16~20]

0	0	0	0	0
	0	0	0	
		0		

예제

5

정답 9개

16

9

17

17

18

23

19

59

20

123

※ S회사는 새로운 배관을 연결하려고 한다. 다음과 같이 배관 연결 경로에 따른 비용이 주어졌을 때, 시작 지점부터 목표 지점까지 배관 연결 시 최소 비용을 구하시오. [21~25]

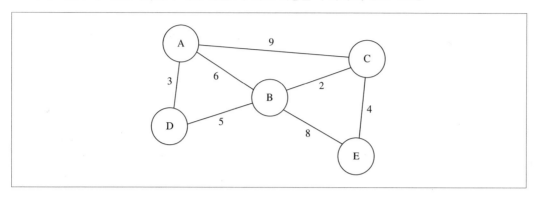

예제

시작 지점 : A
목표 지점 : E

정답 12

21

시작 지점 : A
목표 지점 : B

22

시작 지점 : A
목표 지점 : C

23

시작 지점 : C
목표 지점 : D

24

시작 지점 : D	
목표 지점 : E	

25

시작 지점 : E	
목표 지점 : B	

교육은 우리 자신의 무지를 점차 발견해 가는 과정이다.

- 윌 듀란트 -

앞선 정보 제공! 도서 업데이트

언제, 왜 업데이트될까?

도서의 학습 효율을 높이기 위해 자료를 추가로 제공할 때!
공기업 · 대기업 필기시험에 변동사항 발생 시 정보 공유를 위해!
공기업 · 대기업 채용 및 시험 관련 중요 이슈가 생겼을 때!

01 시대에듀 도서
www.sdedu.co.kr/book
홈페이지 접속

02 상단 카테고리
「도서업데이트」
클릭

03 해당
기업명으로
검색

참고자료, 시험 개정사항 등 정보 제공으로 학습효율을 높여 드립니다.

시대에듀
대기업 인적성검사
시리즈

신뢰와 책임의 마음으로 수험생 여러분에게 다가갑니다.

대기업 인적성 "기본서" 시리즈

대기업 취업 기초부터 합격까지! 취업의 문을 여는
Master Key!

All-New 전면개정판

2024년 13기 모집대비

싸피

삼성 청년 SW아카데미
SW적성진단

CT 주관식 | 단기완성

편저 | SDC(Sidae Data Center)

정답 및 해설

시대에듀

PART 1

CT 유형학습 정답 및 해설

[1~5]

예제풀이

제시된 단어를 오름차순으로 정렬하면 다음과 같다.

ago	blue	case	eye	farm

따라서 왼쪽에서 4번째 위치에 있는 단어는 eye이다.

01 정답 cake

제시된 단어를 오름차순으로 정렬하면 다음과 같다.

album	break	buy	cake	cartoon

따라서 왼쪽에서 4번째 위치에 있는 단어는 cake이다.

02 정답 car

제시된 단어를 오름차순으로 정렬하면 다음과 같다.

along	car	cool	diary	flame	hand

따라서 왼쪽에서 2번째 위치에 있는 단어는 car이다.

03 정답 give

제시된 단어를 오름차순으로 정렬하면 다음과 같다.

family	game	give	glove	juice	key

따라서 왼쪽에서 3번째 위치에 있는 단어는 give이다.

04 정답 half

제시된 단어를 오름차순으로 정렬하면 다음과 같다.

dam	day	fast	half	ice	leaf	seal

따라서 왼쪽에서 4번째 위치에 있는 단어는 half이다.

05 정답 map

제시된 단어를 오름차순으로 정렬하면 다음과 같다.

dirty	drag	guitar	hair	lie	map	moth

따라서 왼쪽에서 6번째 위치에 있는 단어는 map이다.

[6~10]

예제풀이

하지연	김민석	정대현	박희진	이주연	신윤희	정리 전
김민석	하지연	정대현	박희진	이주연	신윤희	1회
김민석	박희진	정대현	하지연	이주연	신윤희	2회
김민석	박희진	신윤희	하지연	이주연	정대현	3회
김민석	박희진	신윤희	이주연	하지연	정대현	4회
김민석	박희진	신윤희	이주연	정대현	하지연	5회

06 정답 4회

이유연	정세훈	오영민	한유호	지수혁	김도형	정리 전
김도형	정세훈	오영민	한유호	지수혁	이유연	1회
김도형	오영민	정세훈	한유호	지수혁	이유연	2회
김도형	오영민	이유연	한유호	지수혁	정세훈	3회
김도형	오영민	이유연	정세훈	지수혁	한유호	4회

07 정답 2회

차영재	박시연	송동하	진재우	오윤미	김사랑	정리 전
김사랑	박시연	송동하	진재우	오윤미	차영재	1회
김사랑	박시연	송동하	오윤미	진재우	차영재	2회

08 정답 3회

윤미지	조세희	신용재	곽재우	김윤철	이지현	정리 전
곽재우	조세희	신용재	윤미지	김윤철	이지현	1회
곽재우	김윤철	신용재	윤미지	조세희	이지현	2회
곽재우	김윤철	신용재	윤미지	이지현	조세희	3회

09   정답 2회

김성준	윤도경	유연재	현민석	안영민	현민준	정리 전
김성준	안영민	유연재	현민석	윤도경	현민준	1회
김성준	안영민	유연재	윤도경	현민석	현민준	2회

10   정답 5회

양희정	이연석	정윤진	신이현	김성원	유희재	정리 전
김성원	이연석	정윤진	신이현	양희정	유희재	1회
김성원	신이현	정윤진	이연석	양희정	유희재	2회
김성원	신이현	양희정	이연석	정윤진	유희재	3회
김성원	신이현	양희정	유희재	정윤진	이연석	4회
김성원	신이현	양희정	유희재	이연석	정윤진	5회

[11~15]

예제풀이

13	2	33	45	15	정리 전
2	13	33	45	15	1회
2	13	15	33	45	2회

따라서 2회 이동 후 왼쪽으로부터 2번째에 놓인 수는 13이다.

11   정답 35

24	10	35	5	74	정리 전
10	24	35	5	74	1회
5	10	24	35	74	2회

따라서 2회 이동 후 왼쪽으로부터 4번째에 놓인 수는 35이다.

12   정답 17

17	41	2	77	120	정리 전
2	17	41	77	120	1회

1회 이동 만에 모든 수가 오름차순으로 정렬이 완료되었고, 이때 왼쪽으로부터 2번째에 놓인 수는 17이다.

13 정답 55

10	85	42	32	55	정리 전
10	42	85	32	55	1회
10	32	42	85	55	2회
10	32	42	55	85	3회

따라서 3회 이동 후 왼쪽으로부터 4번째에 놓인 수는 55이다.

14 정답 24

65	27	75	14	24	정리 전
27	65	75	14	24	1회
14	27	65	75	24	2회
14	24	27	65	75	3회

따라서 2회 이동 후 왼쪽으로부터 5번째에 놓인 수는 24이다.

15 정답 43

5	45	15	28	43	정리 전
5	15	45	28	43	1회
5	15	28	45	43	2회
5	15	28	43	45	3회

3회 이동 만에 모든 수가 오름차순으로 정렬이 완료되었고, 이때 왼쪽으로부터 4번째에 놓인 수는 43이다.

[16~20]

예제풀이

banana	lemon	ice	grey	cool	정리 전
banana	ice	grey	cool	lemon	1회전
banana	grey	cool	ice	lemon	2회전
banana	cool	grey	ice	lemon	3회전

16 정답 2회전

sea	yellow	bus	cloud	zero	정리 전
sea	bus	cloud	yellow	zero	1회전
bus	cloud	sea	yellow	zero	2회전

17 정답 2회전

blue	brown	wood	tea	south	정리 전
blue	brown	tea	south	wood	1회전
blue	brown	south	tea	wood	2회전

18 정답 3회전

study	white	cherry	flower	eye	정리 전
study	cherry	flower	eye	white	1회전
cherry	flower	eye	study	white	2회전
cherry	eye	flower	study	white	3회전

19 정답 2회전

enemy	about	hand	water	green	정리 전
about	enemy	hand	green	water	1회전
about	enemy	green	hand	water	2회전

20 정답 1회전

| apple | silver | message | number | purple | 정리 전 |
| apple | message | number | purple | silver | 1회전 |

이산수학 유형점검

[1~5]

예제풀이

파란색 주머니에서 꺼낸 구슬에 적힌 수와 보라색 주머니에서 꺼낸 구슬에 적힌 수의 합의 최댓값은 파란색 주머니에 있는 구슬 중 구슬에 적힌 가장 큰 수인 6과 보라색 주머니에 있는 구슬 중 구슬에 적힌 가장 큰 수인 8을 합하여 구할 수 있다.
따라서 $6+8=14$이다.

01 **정답** 20

파란색 주머니에 있는 구슬 중 구슬에 적힌 가장 큰 수는 13이고, 보라색 주머니에 있는 구슬 중 구슬에 적힌 가장 큰 수는 7이다.
따라서 파란색 주머니에서 꺼낸 구슬에 적힌 수와 보라색 주머니에서 꺼낸 구슬에 적힌 수의 합의 최댓값은 $13+7=20$이다.

02 **정답** 20

파란색 주머니에 있는 구슬 중 구슬에 적힌 가장 큰 수는 12이고, 보라색 주머니에 있는 구슬 중 구슬에 적힌 가장 큰 수는 8이다.
따라서 파란색 주머니에서 꺼낸 구슬에 적힌 수와 보라색 주머니에서 꺼낸 구슬에 적힌 수의 합의 최댓값은 $12+8=20$이다.

03 **정답** 24

파란색 주머니에 있는 구슬 중 구슬에 적힌 가장 큰 수는 15이고, 보라색 주머니에 있는 구슬 중 구슬에 적힌 가장 큰 수는 9이다.
따라서 파란색 주머니에서 꺼낸 구슬에 적힌 수와 보라색 주머니에서 꺼낸 구슬에 적힌 수의 합의 최댓값은 $15+9=24$이다.

04 **정답** 37

파란색 주머니에 있는 구슬 중 구슬에 적힌 가장 큰 수는 17이고, 보라색 주머니에 있는 구슬 중 구슬에 적힌 가장 큰 수는 20이다.
따라서 파란색 주머니에서 꺼낸 구슬에 적힌 수와 보라색 주머니에서 꺼낸 구슬에 적힌 수의 합의 최댓값은 $17+20=37$이다.

05 **정답** 37

파란색 주머니에 있는 구슬 중 구슬에 적힌 가장 큰 수는 19이고, 보라색 주머니에 있는 구슬 중 구슬에 적힌 가장 큰 수는 18이다.
따라서 파란색 주머니에서 꺼낸 구슬에 적힌 수와 보라색 주머니에서 꺼낸 구슬에 적힌 수의 합의 최댓값은 $19+18=37$이다.

A, B 두 주사위를 한 번씩 던졌을 때, 나온 수의 곱의 최댓값은 주사위 A에 적힌 가장 큰 수인 6과 주사위 B에 적힌 가장 큰 수인 7을 곱하여 구할 수 있다.

따라서 6×7=42이다.

06 정답 65

주사위 A에 적힌 가장 큰 수는 5이고, 주사위 B에 적힌 가장 큰 수는 13이다.

따라서 두 주사위를 한 번씩 던졌을 때 나온 수의 곱의 최댓값은 5×13=65이다.

07 정답 42

주사위 A에 적힌 가장 큰 수는 7이고, 주사위 B에 적힌 가장 큰 수는 6이다.

따라서 두 주사위를 한 번씩 던졌을 때 나온 수의 곱의 최댓값은 7×6=42이다.

08 정답 80

주사위 A에 적힌 가장 큰 수는 10이고, 주사위 B에 적힌 가장 큰 수는 8이다.

따라서 두 주사위를 한 번씩 던졌을 때 나온 수의 곱의 최댓값은 10×8=80이다.

09 정답 858

주사위 A에 적힌 가장 큰 수는 66이고, 주사위 B에 적힌 가장 큰 수는 13이다.

따라서 두 주사위를 한 번씩 던졌을 때 나온 수의 곱의 최댓값은 66×13=858이다.

10 정답 78

주사위 A에 적힌 가장 큰 수는 6이고, 주사위 B에 적힌 가장 큰 수는 13이다.

따라서 두 주사위를 한 번씩 던졌을 때 나온 수의 곱의 최댓값은 6×13=78이다.

[11~15]

예제풀이

14=2×7이므로 두 소수는 2, 7이다.

풀이 꿀팁

소수는 1과 자기 자신만으로 나누어떨어지는 1보다 큰 양의 정수(=자연수)이다.

예 100 이하의 소수

2 3 5 7 11 13 17 19 23 29 31 37 41 43 47 53 59 61 67 71 73 79 83 89 97

11 정답 3, 7

21=3×7이므로 두 소수는 3, 7이다.

12 　정답　5, 13

$65 = 5 \times 13$이므로 두 소수는 5, 13이다.

13 　정답　11, 19

$209 = 11 \times 19$이므로 두 소수는 11, 19이다.

14 　정답　17, 23

$391 = 17 \times 23$이므로 두 소수는 17, 23이다.

15 　정답　17, 29

$493 = 17 \times 29$이므로 두 소수는 17, 29이다.

[16~20]

　예제풀이　

$78 \div 36 = 2 \cdots 6$이므로 나머지는 6, $36 \div 6 = 6 \cdots 0$이므로 나머지는 0이다.
따라서 두 수의 최대공약수는 6이다.

16 　정답　4

$76 \div 12 = 6 \cdots 4$이므로 나머지는 4, $12 \div 4 = 3 \cdots 0$이므로 나머지는 0이다.
따라서 두 수의 최대공약수는 4이다.

17 　정답　3

$321 \div 123 = 2 \cdots 75$이므로 나머지는 75, $123 \div 75 = 1 \cdots 48$이므로 나머지는 48, $75 \div 48 = 1 \cdots 27$이므로 나머지는 27, $48 \div 27$ $= 1 \cdots 21$이므로 나머지는 21, $27 \div 21 = 1 \cdots 6$이므로 나머지는 6, $21 \div 6 = 3 \cdots 3$이므로 나머지는 3, $6 \div 3 = 2 \cdots 0$이므로 나머지는 0이다.
따라서 두 수의 최대공약수는 3이다.

18 　정답　12

$324 \div 96 = 3 \cdots 36$이므로 나머지는 36, $96 \div 36 = 2 \cdots 24$이므로 나머지는 24, $36 \div 24 = 1 \cdots 12$이므로 나머지는 12, $24 \div 12 = 2$ $\cdots 0$이므로 나머지는 0이다.
따라서 두 수의 최대공약수는 12이다.

19 　정답　4

$428 \div 24 = 17 \cdots 20$이므로 나머지는 20, $24 \div 20 = 1 \cdots 4$이므로 나머지는 4, $20 \div 4 = 5 \cdots 0$이므로 나머지는 0이다.
따라서 두 수의 최대공약수는 4이다.

20　정답 2

$512 \div 286 = 1 \cdots 226$이므로 나머지는 226, $286 \div 226 = 1 \cdots 60$이므로 나머지는 60, $226 \div 60 = 3 \cdots 46$이므로 나머지는 46, $60 \div 46 = 1 \cdots 14$이므로 나머지는 14, $46 \div 14 = 3 \cdots 4$이므로 나머지는 4, $14 \div 4 = 3 \cdots 2$이므로 나머지는 2, $4 \div 2 = 2 \cdots 0$이므로 나머지는 0이다.

따라서 두 수의 최대공약수는 2이다.

[21~25]

예제풀이

처음 점수는 5점이고, 게임 실행 후 점수는 1점이므로 4점을 잃었다. 6 ~ 10이 적힌 숫자 카드로 2회 지면 $2 \times 2 = 4$점을 잃는다.
따라서 $N = 2$이다.

21　정답 2

처음 점수는 2점이고, 게임 실행 후 점수는 6점이므로 4점을 얻었다. 6 ~ 10이 적힌 숫자 카드로 2회 이기면 $2 \times 2 = 4$점을 얻는다.
따라서 $N = 2$이다.

22　정답 2

처음 점수는 10점이고, 게임 실행 후 점수는 7점이므로 3점을 잃었다. 1 ~ 5가 적힌 숫자 카드로 1회, 6 ~ 10이 적힌 숫자 카드로 1회 지면 $1 + 2 = 3$점을 잃는다.
따라서 $N = 1 + 1 = 2$이다.

23　정답 3

처음 점수는 1점이고, 게임 실행 후 점수는 6점이므로 5점을 얻었다. 1 ~ 5가 적힌 숫자 카드로 1회, 6 ~ 10이 적힌 숫자 카드로 2회 이기면 $1 + (2 \times 2) = 5$점을 얻는다.
따라서 $N = 1 + 2 = 3$이다.

24　정답 6

처음 점수는 8점이고, 게임 실행 후 점수는 -3점이므로 11점을 잃었다. 1 ~ 5가 적힌 숫자 카드로 1회, 6 ~ 10이 적힌 숫자 카드로 5회 지면 $1 + (2 \times 5) = 11$점을 잃는다.
따라서 $N = 1 + 5 = 6$이다.

25　정답 11

처음 점수는 -7점이고, 게임 실행 후 점수는 14점이므로 21점을 얻었다. 1 ~ 5가 적힌 숫자 카드로 1회, 6 ~ 10이 적힌 숫자 카드로 10회 이기면 $1 + (2 \times 10) = 21$점을 얻는다.
따라서 $N = 1 + 10 = 11$이다.

[26~30]

예제풀이

각 칸의 수치를 모두 더한 값은 길 1이 13, 길 2가 15, 길 3이 9이다.
따라서 가장 빠른 길은 길 3이다.

풀이 꿀팁

단순 계산 문제가 나올 수 있으므로 빠른 계산을 연습해 둔다.

26 정답 길 1

각 칸의 수치를 모두 더한 값은 길 1이 43, 길 2가 44, 길 3이 54이다.
따라서 가장 빠른 길은 길 1이다.

27 정답 길 3

각 칸의 수치를 모두 더한 값은 길 1이 37, 길 2가 26, 길 3이 25이다.
따라서 가장 빠른 길은 길 3이다.

28 정답 길 3

각 칸의 수치를 모두 더한 값은 길 1이 133, 길 2가 151, 길 3이 129이다.
따라서 가장 빠른 길은 3이다.

29 정답 길 3

각 칸의 수치를 모두 더한 값은 길 1이 825, 길 2가 955, 길 3이 812이다.
따라서 가장 빠른 길은 길 3이다.

30 정답 길 2

각 칸의 수치를 모두 더한 값은 길 1이 1,455, 길 2가 1,390, 길 3이 1,400이다.
따라서 가장 빠른 길은 길 20이다.

[31~35]

예제풀이

분 단위를 초 단위로 바꾼 뒤 (속력)$=\dfrac{(\text{이동 거리})}{(\text{걸린 시간})}$ 공식을 이용하여 풀이한다.

1분=60초이므로 60m를 60초 동안 이동했다.

따라서 속력은 $\dfrac{60}{60}=1$m/s이다.

31 정답 1.67m/s

1분=60초이므로 100m를 60초 동안 이동했다.

따라서 속력은 $\frac{100}{60} ≒ 1.67$m/s이다.

32 정답 0.42m/s

2분=120초이므로 50m를 120초 동안 이동했다.

따라서 속력은 $\frac{50}{120} ≒ 0.42$m/s이다.

33 정답 9.08m/s

1.2분=72초이므로 654m를 72초 동안 이동했다.

따라서 속력은 $\frac{654}{72} ≒ 9.08$m/s이다.

34 정답 3.3m/s

2.3분=138초이므로 456m를 138초 동안 이동했다.

따라서 속력은 $\frac{456}{138} ≒ 3.3$m/s이다.

35 정답 42.86m/s

3.7분=222초이므로 9,514m를 222초 동안 이동했다.

따라서 속력은 $\frac{9,514}{222} ≒ 42.86$m/s이다.

[36~40]

예제풀이

소금의 양을 분자에, 소금물의 양을 분모에 두고 계산한다.
소금물 100mL 중 소금의 양은 10%이므로 10g이다.
한 컵에 1mL만큼 담겨있는 물을 100번 부어 소금물의 양을 200mL로 만들면 목표 농도인 5%가 된다.

풀이 꿀팁

소금물의 농도를 구하는 공식을 알아야 한다.

$$[\text{농도}(\%)] = \frac{(\text{소금의 양})}{(\text{소금물의 양})} \times 100$$

$$\rightarrow (\text{소금의 양}) = (\text{소금물의 양}) \times \frac{[\text{농도}(\%)]}{100}$$

$$\rightarrow (\text{소금물의 양}) = (\text{소금의 양}) \times \frac{100}{[\text{농도}(\%)]}$$

36 정답 50번

소금물 150mL 중 소금의 양은 10%이므로 15g이다. 추가하는 물의 양을 x라 하면, $6 = \dfrac{15}{150+x} \times 100$이므로 $x = 100$mL이다.

따라서 한 컵에 2mL만큼 담겨있는 물을 $\dfrac{100}{2} = 50$번 부으면 된다.

37 정답 5번

소금물 175mL 중 소금의 양은 12%이므로 21g이다. 추가하는 물의 양을 x라 하면, $10 = \dfrac{21}{175+x} \times 100$이므로 $x = 35$mL이다.

따라서 한 컵에 7mL만큼 담겨있는 물을 $\dfrac{35}{7} = 5$번 부으면 된다.

38 정답 55번

소금물 100mL 중 소금의 양은 13%이므로 13g이다. 추가하는 물의 양을 x라 하면, $2 = \dfrac{13}{100+x} \times 100$이므로 $x = 550$mL이다.

따라서 한 컵에 10mL만큼 담겨있는 물을 $\dfrac{550}{10} = 55$번 부으면 된다.

39 정답 15번

소금물 225mL 중 소금의 양은 8%이므로 18g이다. 추가하는 물의 양을 x라 하면, $3 = \dfrac{18}{225+x} \times 100$이므로 $x = 375$mL이다.

따라서 한 컵에 25mL만큼 담겨있는 물을 $\dfrac{375}{25} = 15$번 부으면 된다.

40 정답 10번

소금물 1,000mL 중 소금의 양은 21%이므로 210g이다. 추가하는 물의 양을 x라 하면, $15 = \dfrac{210}{1,000+x} \times 100$이므로 $x = 400$mL이다.

따라서 한 컵에 40mL만큼 담겨있는 물을 $\dfrac{400}{40} = 10$번 부으면 된다.

[41~45]

예제풀이

창고 벽의 폭은 1m=100cm, 높이는 1m=100cm이다.

상자를 최대한 많이 쌓으려면 $x = 2$cm, $y = 10$cm, $z = 15$cm 또는 $x = 10$cm, $y = 2$cm, $z = 15$cm이어야 한다.

따라서 쌓을 수 있는 상자의 수는 $\dfrac{100}{2} \times \dfrac{100}{10} = \dfrac{100}{10} \times \dfrac{100}{2} = 500$개이다.

풀이 꿀팁

단위를 계산하기 쉽게 통일하여 풀이한다.

41 정답 700개

창고 벽의 폭은 $3.5m = 350cm$, 높이는 $0.8m = 80cm$이다.

상자를 최대한 많이 쌓으려면 $x = 5cm$, $y = 8cm$, $z = 10cm$이어야 한다.

따라서 쌓을 수 있는 상자의 수는 $\dfrac{350}{5} \times \dfrac{80}{8} = 70 \times 10 = 700$개이다.

42 정답 2,750개

창고 벽의 폭은 $5.5m = 550cm$, 높이는 $3m = 300cm$이다.

상자를 최대한 많이 쌓으려면 $x = 5cm$, $y = 12cm$, $z = 13cm$이어야 한다.

따라서 쌓을 수 있는 상자의 수는 $\dfrac{550}{5} \times \dfrac{300}{12} = 110 \times 25 = 2,750$개이다.

43 정답 14,000개

창고 벽의 폭은 $7m = 700cm$, 높이는 $10m = 1,000cm$이다.

상자를 최대한 많이 쌓으려면 $x = 5cm$, $y = 10cm$, $z = 20cm$ 또는 $x = 10cm$, $y = 5cm$, $z = 20cm$이어야 한다.

따라서 쌓을 수 있는 상자의 수는 $\dfrac{700}{5} \times \dfrac{1,000}{10} = \dfrac{700}{10} \times \dfrac{1,000}{5} = 14,000$개이다.

44 정답 13,625개

창고 벽의 폭은 $12m = 1,200cm$, 높이는 $15m = 1,500cm$이다.

상자를 최대한 많이 쌓으려면 $x = 11cm$, $y = 12cm$, $z = 17cm$이어야 한다.

따라서 쌓을 수 있는 상자의 수는 $\dfrac{1,200}{11} \times \dfrac{1,500}{12} ≒ 109 \times 125 = 13,625$개이다.

45 정답 56,943개

창고 벽의 폭은 $12m = 1,200cm$, 높이는 $10m = 1,000cm$이다.

상자를 최대한 많이 쌓으려면 $x = 7cm$, $y = 3cm$, $z = 11cm$이어야 한다.

따라서 쌓을 수 있는 상자의 수는 $\dfrac{1,200}{7} \times \dfrac{1,000}{3} ≒ 171 \times 333 = 56,943$개이다.

[46~50]

예제풀이

(정육면체의 겉넓이) $=$ (한 면의 넓이) $\times 6$

겉넓이가 $24cm^2$인 정육면체의 한 변의 길이는 $2cm$이고, 부피는 $8cm^3$이다.

$100cm$의 높이와 폭으로 물체를 쌓아야 하므로 물체는 행으로 50개, 열로 50개 모두 2,500개가 필요하다.

따라서 벽에 채워진 물체의 전체 부피는 $2,500 \times 8 = 20,000cm^3$이다.

풀이 꿀팁

단위를 계산하기 쉽게 통일하여 풀이한다.

46 정답 $17,280,000cm^3$

겉넓이가 $54cm^2$인 정육면체의 한 변의 길이는 3cm이고, 부피는 $27cm^3$이다.

2,400cm의 높이와 폭으로 물체를 쌓아야 하므로 물체는 행으로 800개, 열로 800개 모두 640,000개가 필요하다.

따라서 벽에 채워진 물체의 전체 부피는 $640,000 \times 27 = 17,280,000cm^3$이다.

47 정답 $1,512,500cm^3$

겉넓이가 $150cm^2$인 정육면체의 한 변의 길이는 5cm이고, 부피는 $125cm^3$이다.

550cm의 높이와 폭으로 물체를 쌓아야 하므로 물체는 행으로 110개, 열로 110개 모두 12,100개가 필요하다.

따라서 벽에 채워진 물체의 전체 부피는 $12,100 \times 125 = 1,512,500cm^3$이다.

48 정답 $14,400,000cm^3$

겉넓이가 $6cm^2$인 정육면체의 한 변의 길이는 1cm이고, 부피는 $1cm^3$이다.

12,000cm의 높이와 1,200cm의 폭으로 물체를 쌓아야 하므로 물체는 행으로 1,200개, 열로 12,000개 모두 14,400,000개가 필요하다.

따라서 벽에 채워진 물체의 전체 부피는 $14,400,000 \times 1 = 14,400,000cm^3$이다.

49 정답 $106,480,000cm^3$

겉넓이가 $726cm^2$인 정육면체의 한 변의 길이는 11cm이고, 부피는 $1,331cm^3$이다.

2,200cm의 높이와 4,400cm의 폭으로 물체를 쌓아야 하므로 물체는 행으로 400개, 열로 200개 모두 80,000개가 필요하다.

따라서 벽에 채워진 물체의 전체 부피는 $80,000 \times 1,331 = 106,480,000cm^3$이다.

50 정답 $6,151,600cm^3$

겉넓이가 $1,014cm^2$인 정육면체의 한 변의 길이는 13cm이고, 부피는 $2,197cm^3$이다.

520cm의 높이와 910cm의 폭으로 물체를 쌓아야 하므로 물체는 행으로 70개, 열로 40개 모두 2,800개가 필요하다.

따라서 벽에 채워진 물체의 전체 부피는 $2,800 \times 2,197 = 6,151,600cm^3$이다.

[51~55]

예제풀이

행성과 충돌하기 전에 운석이 모두 연소되므로 $Y - \{A + 2A + 4A + \cdots + (2^{n-1}) \cdot A\} \leq 0$이다.

$$70 \leq \frac{10 \times (2^n - 1)}{2 - 1} \rightarrow n \geq 3$$

따라서 대기층의 최소 두께는 30km이다.

51 정답 50km

$$600 \leq \frac{30(2^n - 1)}{2 - 1} \rightarrow 2^n \geq 21$$

따라서 대기층의 최소 두께는 50km이다.

52 정답 40km

$$980 \leq \frac{70(2^n - 1)}{2 - 1} \rightarrow 2^n \geq 15$$

따라서 대기층의 최소 두께는 40km이다.

53 정답 70km

$$1,500 \leq \frac{15(2^n - 1)}{2 - 1} \rightarrow 2^n \geq 101$$

따라서 대기층의 최소 두께는 70km이다.

54 정답 90km

$$20,000 \leq \frac{40(2^n - 1)}{2 - 1} \rightarrow 2^n \geq 501$$

따라서 대기층의 최소 두께는 90km이다.

55 정답 110km

$$50,000 \leq \frac{25(2^n - 1)}{2 - 1} \rightarrow 2^n \geq 2,001$$

따라서 대기층의 최소 두께는 110km이다.

[56~60]

예제풀이

흰색 리본에서 검은색 리본의 수만큼 고르면 된다.

길이가 긴 순서끼리 짝지어 묶어서 세트를 만들기 때문에 중복을 허용하지 않으므로 조합 공식을 이용하여 풀이한다.

$$_nC_r = \frac{n!}{r!(n-r)!}$$

흰색 리본은 5개이고, 검은색 리본은 3개이다.

따라서 리본 세트를 만들 수 있는 경우의 수는 $_5C_3 = \frac{5!}{3! \times 2!} = \frac{5 \times 4}{2 \times 1} = 10$가지이다.

56 정답 2가지

흰색 리본은 2개이고, 검은색 리본은 1개이다.

따라서 리본 세트를 만들 수 있는 경우의 수는 $_2C_1 = 2! = 2$가지이다.

57 정답 3가지

흰색 리본은 3개이고, 검은색 리본은 2개이다.

따라서 리본 세트를 만들 수 있는 경우의 수는 $_3C_2 = \frac{3!}{2!} = \frac{3 \times 2}{2 \times 1} = 3$가지이다.

58　정답　20가지

흰색 리본은 6개이고, 검은색 리본은 3개이다.

따라서 리본 세트를 만들 수 있는 경우의 수는 $_6C_3 = \dfrac{6!}{3! \times 3!} = \dfrac{6 \times 5 \times 4}{3 \times 2 \times 1} = 20$가지이다.

59　정답　28가지

흰색 리본은 8개이고, 검은색 리본은 2개이다.

따라서 리본 세트를 만들 수 있는 경우의 수는 $_8C_2 = \dfrac{8!}{2! \times 6!} = \dfrac{8 \times 7}{2 \times 1} = 28$가지이다.

60　정답　252가지

흰색 리본은 10개이고, 검은색 리본은 5개이다.

따라서 리본 세트를 만들 수 있는 경우의 수는 $_{10}C_5 = \dfrac{10!}{5! \times 5!} = \dfrac{10 \times 9 \times 8 \times 7 \times 6}{5 \times 4 \times 3 \times 2 \times 1} = 252$가지이다.

[61~65]

예제풀이

책갈피의 수가 책의 수보다 적으므로 책갈피에 책을 대응시킨다.
a책갈피에 대응시킬 수 있는 책의 수는 3가지이다.
b책갈피에 대응시킬 수 있는 남은 책의 수는 2가지이다.
따라서 포장할 수 있는 경우의 수는 3×2=6가지이다.

61　정답　24가지

a책갈피에 대응시킬 수 있는 책의 수는 4가지이다.
b책갈피에 대응시킬 수 있는 남은 책의 수는 3가지이다.
c책갈피에 대응시킬 수 있는 남은 책의 수는 2가지이다.
따라서 포장할 수 있는 경우의 수는 4×3×2=24가지이다.

62　정답　60가지

a책갈피에 대응시킬 수 있는 책의 수는 5가지이다.
b책갈피에 대응시킬 수 있는 남은 책의 수는 4가지이다.
c책갈피에 대응시킬 수 있는 남은 책의 수는 3가지이다.
따라서 포장할 수 있는 경우의 수는 5×4×3=60가지이다.

63　정답　30가지

a책갈피에 대응시킬 수 있는 책의 수는 6가지이다.
b책갈피에 대응시킬 수 있는 남은 책의 수는 5가지이다.
따라서 포장할 수 있는 경우의 수는 6×5=30가지이다.

64 　정답　2,520가지

a책갈피에 대응시킬 수 있는 책의 수는 7가지이다.
b책갈피에 대응시킬 수 있는 남은 책의 수는 6가지이다.
c책갈피에 대응시킬 수 있는 남은 책의 수는 5가지이다.
d책갈피에 대응시킬 수 있는 남은 책의 수는 4가지이다.
e책갈피에 대응시킬 수 있는 남은 책의 수는 3가지이다.
따라서 포장할 수 있는 경우의 수는 $7 \times 6 \times 5 \times 4 \times 3 = 2{,}520$가지이다.

65 　정답　1,680가지

a책갈피에 대응시킬 수 있는 책의 수는 8가지이다.
b책갈피에 대응시킬 수 있는 남은 책의 수는 7가지이다.
c책갈피에 대응시킬 수 있는 남은 책의 수는 6가지이다.
d책갈피에 대응시킬 수 있는 남은 책의 수는 5가지이다.
따라서 포장할 수 있는 경우의 수는 $8 \times 7 \times 6 \times 5 = 1{,}680$가지이다.

[66~70]

예제풀이

서로 다른 사람들을 순서대로 세우는 것이기 때문에 순열 공식을 이용하여 풀이한다.

$$_n\mathrm{P}_r = \frac{n!}{(n-r)!}$$

3명의 사람이 있고, 이들 중 2명을 골라 줄을 세우려고 한다.

따라서 줄을 세울 수 있는 경우의 수는 $_3\mathrm{P}_2 = \frac{3!}{(3-2)!} = \frac{3!}{1!} = 3 \times 2 = 6$가지이다.

66 　정답　60가지

5명의 사람이 있고, 이들 중 3명을 골라 줄을 세우려고 한다.

따라서 줄을 세울 수 있는 경우의 수는 $_5\mathrm{P}_3 = \frac{5!}{(5-3)!} = \frac{5!}{2!} = 5 \times 4 \times 3 = 60$가지이다.

67 　정답　30가지

6명의 사람이 있고, 이들 중 2명을 골라 줄을 세우려고 한다.

따라서 줄을 세울 수 있는 경우의 수는 $_6\mathrm{P}_2 = \frac{6!}{(6-2)!} = \frac{6!}{4!} = 6 \times 5 = 30$가지이다.

68 　정답　210가지

7명의 사람이 있고, 이들 중 3명을 골라 줄을 세우려고 한다.

따라서 줄을 세울 수 있는 경우의 수는 $_7\mathrm{P}_3 = \frac{7!}{(7-3)!} = \frac{7!}{4!} = 7 \times 6 \times 5 = 210$가지이다.

69 정답 1,680가지

8명의 사람이 있고, 이들 중 4명을 골라 줄을 세우려고 한다.

따라서 줄을 세울 수 있는 경우의 수는 $_8\mathrm{P}_4 = \dfrac{8!}{(8-4)!} = \dfrac{8!}{4!} = 8 \times 7 \times 6 \times 5 = 1{,}680$가지이다.

70 정답 17,160가지

13명의 사람이 있고, 이들 중 4명을 골라 줄을 세우려고 한다.

따라서 줄을 세울 수 있는 경우의 수는 $_{13}\mathrm{P}_4 = \dfrac{13!}{(13-4)!} = \dfrac{13!}{9!} = 13 \times 12 \times 11 \times 10 = 17{,}160$가지이다.

[71~75]

예제풀이

```
2 | 8
2 | 4 … 0
2 | 2 … 0
    1 … 0
```

$8_{(10)} = 1000_{(2)}$
따라서 2진수로 나타내면 $1000_{(2)}$이다.

71 정답 $1010_{(2)}$

```
2 | 10
2 | 5 … 0
2 | 2 … 1
    1 … 0
```

$10_{(10)} = 1010_{(2)}$
따라서 2진수로 나타내면 $1010_{(2)}$이다.

72 정답 $10000_{(2)}$

```
2 | 16
2 | 8 … 0
2 | 4 … 0
2 | 2 … 0
    1 … 0
```

$16_{(10)} = 10000_{(2)}$
따라서 2진수로 나타내면 $10000_{(2)}$이다.

73 정답 $10110_{(2)}$

$$
\begin{array}{r|l}
2 & 22 \\
2 & 11 \cdots 0 \\
2 & 5 \cdots 1 \\
2 & 2 \cdots 1 \\
& 1 \cdots 0
\end{array}
$$

$22_{(10)} = 10110_{(2)}$
따라서 2진수로 나타내면 $10110_{(2)}$이다.

74 정답 $100011_{(2)}$

$$
\begin{array}{r|l}
2 & 35 \\
2 & 17 \cdots 1 \\
2 & 8 \cdots 1 \\
2 & 4 \cdots 0 \\
2 & 2 \cdots 0 \\
& 1 \cdots 0
\end{array}
$$

$35_{(10)} = 100011_{(2)}$
따라서 2진수로 나타내면 $100011_{(2)}$이다.

75 정답 $110010_{(2)}$

$$
\begin{array}{r|l}
2 & 50 \\
2 & 25 \cdots 0 \\
2 & 12 \cdots 1 \\
2 & 6 \cdots 0 \\
2 & 3 \cdots 0 \\
& 1 \cdots 1
\end{array}
$$

$50_{(10)} = 110010_{(2)}$
따라서 2진수로 나타내면 $110010_{(2)}$이다.

[76~80]

예제풀이

$101_{(2)} = 1 \times 2^2 + 0 \times 2^1 + 1 \times 2^0 = 4 + 1 = 5$
따라서 10진수로 나타내면 5이다.

76 정답 9

$1001_{(2)} = 1 \times 2^3 + 0 \times 2^2 + 0 \times 2^1 + 1 \times 2^0 = 8 + 1 = 9$
따라서 10진수로 나타내면 9이다.

77 　정답　27

$11011_{(2)} = 1 \times 2^4 + 1 \times 2^3 + 0 \times 2^2 + 1 \times 2^1 + 1 \times 2^0 = 16 + 8 + 2 + 1 = 27$
따라서 10진수로 나타내면 27이다.

78 　정답　42

$101010_{(2)} = 1 \times 2^5 + 0 \times 2^4 + 1 \times 2^3 + 0 \times 2^2 + 1 \times 2^1 + 0 \times 2^0 = 32 + 8 + 2 = 42$
따라서 10진수로 나타내면 42이다.

79 　정답　109

$1101101_{(2)} = 1 \times 2^6 + 1 \times 2^5 + 0 \times 2^4 + 1 \times 2^3 + 1 \times 2^2 + 0 \times 2^1 + 1 \times 2^0 = 64 + 32 + 8 + 4 + 1 = 109$
따라서 10진수로 나타내면 109이다.

80 　정답　292

$100100100_{(2)} = 1 \times 2^8 + 0 \times 2^7 + 0 \times 2^6 + 1 \times 2^5 + 0 \times 2^4 + 0 \times 2^3 + 1 \times 2^2 + 0 \times 2^1 + 0 \times 2^0 = 256 + 32 + 4 = 292$
따라서 10진수로 나타내면 292이다.

[81~85]

예제풀이

$A_{(16)} = A \times 16^0 = 10 \times 1 = 10$
따라서 10진수로 나타내면 10이다.

81 　정답　16

$10_{(16)} = 1 \times 16^1 + 0 \times 16^0 = 16$
따라서 10진수로 나타내면 16이다.

82 　정답　32

$20_{(16)} = 2 \times 16^1 + 0 \times 16^0 = 32$
따라서 10진수로 나타내면 32이다.

83 　정답　26

$1A_{(16)} = 1 \times 16^1 + 10 \times 16^0 = 16 + 10 = 26$
따라서 10진수로 나타내면 26이다.

84 　정답　575

$23F_{(16)} = 2 \times 16^2 + 3 \times 16^1 + 15 \times 16^0 = 512 + 48 + 15 = 575$
따라서 10진수로 나타내면 575이다.

85 [정답] 3,501

$DAD_{(16)} = 13 \times 16^2 + 10 \times 16^1 + 13 \times 16^0 = 3,328 + 160 + 13 = 3,501$
따라서 10진수로 나타내면 3,501이다.

[86~90]

예제풀이

종료 시각이 빠른 순으로 정렬하고, 종료 시각이 같다면 시작 시각이 빠른 순으로 정렬한다.

프로그램	A	B	C	D	E
시작 시각	11:30	13:00	13:00	14:00	16:30
종료 시각	13:00	14:00	15:00	15:00	18:00

종료 시각이 가장 빠른 프로그램은 A이다. B와 C는 시작 시각이 겹치는데, 이때 종료 시각이 더 빠른 B에 참여하면 D도 참여할 수 있지만, C에 참여하게 되면 D는 참여할 수 없다.

프로그램	A	B	D	E
시작 시각	11:30	13:00	14:00	16:30
종료 시각	13:00	14:00	15:00	18:00

따라서 최대한 많은 프로그램에 참여할 수 있는 순서는 A → B → D → E이다.

86 [정답] A → C → D → E

종료 시각이 빠른 순서대로 되어 있다.

프로그램	A	B	C	D	E
시작 시각	10:00	10:00	11:00	12:30	15:00
종료 시각	11:00	12:00	12:30	15:00	18:00

프로그램	A	C	D	E
시작 시각	10:00	11:00	12:30	15:00
종료 시각	11:00	12:30	15:00	18:00

따라서 최대한 많은 프로그램에 참여할 수 있는 순서는 A → C → D → E이다.

87 [정답] A → C → D → E

종료 시각이 빠른 순서대로 정렬하면 다음과 같다.

프로그램	A	C	D	E	B
시작 시각	10:00	11:30	15:00	16:00	11:00
종료 시각	11:30	14:30	16:00	18:00	18:30

프로그램	A	C	D	E
시작 시각	10:00	11:30	15:00	16:00
종료 시각	11:30	14:30	16:00	18:00

따라서 최대한 많은 프로그램에 참여할 수 있는 순서는 A → C → D → E이다.

88 정답 B → C → D → E

종료 시각이 빠른 순서대로 정렬하면 다음과 같다.

프로그램	B	C	D	A	E
시작 시각	10:00	11:30	12:00	10:00	15:00
종료 시각	11:30	12:00	13:30	18:00	18:00

프로그램	B	C	D	E
시작 시각	10:00	11:30	12:00	15:00
종료 시각	11:30	12:00	13:30	18:00

따라서 최대한 많은 프로그램에 참여할 수 있는 순서는 B → C → D → E이다.

89 정답 A → C → E

종료 시각이 빠른 순서대로 정렬하면 다음과 같다.

프로그램	A	D	C	B	E
시작 시각	11:00	12:00	15:00	15:00	16:00
종료 시각	12:30	15:30	16:00	18:00	18:00

프로그램	A	C	E
시작 시각	11:00	15:00	16:00
종료 시각	12:30	16:00	18:00

따라서 최대한 많은 프로그램에 참여할 수 있는 순서는 A → C → E이다.

90 정답 E → D → B → C

종료 시각이 빠른 순서대로 정렬하면 다음과 같다.

프로그램	E	D	B	A	C
시작 시각	11:00	13:00	15:30	15:30	16:00
종료 시각	12:00	14:00	16:00	18:00	18:00

프로그램	E	D	B	C
시작 시각	11:00	13:00	15:30	16:00
종료 시각	12:00	14:00	16:00	18:00

따라서 최대한 많은 프로그램에 참여할 수 있는 순서는 E → D → B → C이다.

[91~95]

예제풀이

시간	00:00 ~ 00:05	00:05 ~ 00:10	00:10 ~ 00:15	00:15 ~ 00:20	00:20 ~ 00:25	00:25 ~ 00:30
누적 강우량(mm)	2	5	9	15	25	30
강우량(mm)	2	3	4	6	10	5
10분 지속 강우강도 (mm/h)	–	$\dfrac{5\text{mm}}{10\text{분}}=30$	$\dfrac{7\text{mm}}{10\text{분}}=42$	$\dfrac{10\text{mm}}{10\text{분}}=60$	$\dfrac{16\text{mm}}{10\text{분}}=96$	$\dfrac{15\text{mm}}{10\text{분}}=90$

따라서 10분 지속 강우강도가 가장 큰 시간은 00:15 ~ 00:25이다.

91 정답 10:00 ~ 10:10

시간	10:00 ~ 10:05	10:05 ~ 10:10	10:10 ~ 10:15	10:15 ~ 10:20	10:20 ~ 10:25	10:25 ~ 10:30
누적 강우량(mm)	10	15	17	21	25	30
강우량(mm)	10	5	2	4	4	5
10분 지속 강우강도 (mm/h)	–	$\frac{15mm}{10분}=90$	$\frac{7mm}{10분}=42$	$\frac{6mm}{10분}=36$	$\frac{8mm}{10분}=48$	$\frac{9mm}{10분}=54$

따라서 10분 지속 강우강도가 가장 큰 시간은 10:00 ~ 10:10이다.

92 정답 12:10 ~ 12:20

시간	12:00 ~ 12:05	12:05 ~ 12:10	12:10 ~ 12:15	12:15 ~ 12:20	12:20 ~ 12:25	12:25 ~ 12:30
누적 강우량(mm)	3	8	19	26	30	36
강우량(mm)	3	5	11	7	4	6
10분 지속 강우강도 (mm/h)	–	$\frac{8mm}{10분}=48$	$\frac{16mm}{10분}=96$	$\frac{18mm}{10분}=108$	$\frac{11mm}{10분}=66$	$\frac{10mm}{10분}=60$

따라서 10분 지속 강우강도가 가장 큰 시간은 12:10 ~ 12:20이다.

93 정답 18:00 ~ 18:10

시간	17:40 ~ 17:45	17:45 ~ 17:50	17:50 ~ 17:55	17:55 ~ 18:00	18:00 ~ 18:05	18:05 ~ 18:10
누적 강우량(mm)	2	5	10	16	26	40
강우량(mm)	2	3	5	6	10	14
10분 지속 강우강도 (mm/h)	–	$\frac{5mm}{10분}=30$	$\frac{8mm}{10분}=48$	$\frac{11mm}{10분}=66$	$\frac{16mm}{10분}=96$	$\frac{24mm}{10분}=144$

따라서 10분 지속 강우강도가 가장 큰 시간은 18:00 ~ 18:10이다.

94 정답 20:25 ~ 20:35

시간	20:20 ~ 20:25	20:25 ~ 20:30	20:30 ~ 20:35	20:35 ~ 20:40	20:40 ~ 20:45	20:45 ~ 20:50
누적 강우량(mm)	7	12	20	24	26	28
강우량(mm)	7	5	8	4	2	2
10분 지속 강우강도 (mm/h)	–	$\frac{12mm}{10분}=72$	$\frac{13mm}{10분}=78$	$\frac{12mm}{10분}=72$	$\frac{6mm}{10분}=36$	$\frac{4mm}{10분}=24$

따라서 10분 지속 강우강도가 가장 큰 시간은 20:25 ~ 20:35이다.

95 정답 23:05 ~ 23:15

시간	22:45 ~ 22:50	22:50 ~ 22:55	22:55 ~ 23:00	23:00 ~ 23:05	23:05 ~ 23:10	23:10 ~ 23:15
누적 강우량(mm)	1	5	10	12	20	35
강우량(mm)	1	4	5	2	8	15
10분 지속 강우강도 (mm/h)	−	$\frac{5\text{mm}}{10\text{분}}=30$	$\frac{9\text{mm}}{10\text{분}}=54$	$\frac{7\text{mm}}{10\text{분}}=42$	$\frac{10\text{mm}}{10\text{분}}=60$	$\frac{23\text{mm}}{10\text{분}}=138$

따라서 10분 지속 강우강도가 가장 큰 시간은 23:05 ~ 23:15이다.

[96~100]

예제풀이

1, 1, 2의 작업이 있을 때, 작업을 하나씩 처리하는 경우에는 총 4초가 걸린다.
모든 작업을 동시에 처리하는 경우에는 각 작업 시간에 3초를 더한 4, 4, 5초의 시간이 걸린다. 1초(3, 3, 4), 2초(2, 2, 3), 3초(1, 1, 2), 4초(0, 0, 1), 5초(0, 0, 0)가 되므로 총 5초가 걸린다.
따라서 전체 작업의 최소 작업 시간은 4초이다.

96 정답 8초

1, 2, 3, 4의 작업이 있을 때, 작업을 하나씩 처리하는 경우에는 총 10초가 걸린다.
모든 작업을 동시에 처리하는 경우에는 각 작업 시간에 4초를 더한 5, 6, 7, 8초의 시간이 걸린다. 1초(4, 5, 6, 7), 2초(3, 4, 5, 6), 3초(2, 3, 4, 5), 4초(1, 2, 3, 4), 5초(0, 1, 2, 3), 6초(0, 0, 1, 2), 7초(0, 0, 0, 1), 8초(0, 0, 0, 0)가 되므로 총 8초가 걸린다.
따라서 전체 작업의 최소 작업 시간은 8초이다.

97 정답 10초

1, 3, 5, 6의 작업이 있을 때, 작업을 하나씩 처리하는 경우에는 총 15초가 걸린다.
모든 작업을 동시에 처리하는 경우에는 각 작업 시간에 4초를 더한 5, 7, 9, 10초의 시간이 걸린다. 1초(4, 6, 8, 9), 2초(3, 5, 7, 8), 3초(2, 4, 6, 7), 4초(1, 3, 5, 6), 5초(0, 2, 4, 5), 6초(0, 1, 3, 4), 7초(0, 0, 2, 3), 8초(0, 0, 1, 2), 9초(0, 0, 0, 1), 10초(0, 0, 0, 0)가 되므로 총 10초가 걸린다.
따라서 전체 작업의 최소 작업 시간은 10초이다.

98 정답 5초

1, 1, 1, 1, 1의 작업이 있을 때, 작업을 하나씩 처리하는 경우에는 총 5초가 걸린다.
모든 작업을 동시에 처리하는 경우에는 각 작업 시간에 5초를 더한 6, 6, 6, 6, 6초의 시간이 걸리고, 모든 작업 시간이 같으므로 소요되는 시간 또한 같다.
따라서 전체 작업의 최소 작업 시간은 5초이다.

99 정답 768초

각 작업이 2초 단위로 512초까지 총 256개의 작업이 있다.
모든 작업을 동시에 처리하는 경우에는 가장 오래 걸리는 512초에 256을 더한 만큼 시간이 걸린다.
따라서 전체 작업의 최소 작업 시간은 512+256=768초이다.

100 정답 10,005초

작업의 개수는 총 5개이다.
모든 작업을 동시에 처리하는 경우 가장 오래 걸리는 10,000초에 5를 더한 만큼 시간이 걸린다.
따라서 전체 작업의 최소 작업 시간은 10,000+5=10,005초이다.

[101~105]

예제풀이

1, 1의 타이머가 있을 때, 타이머를 하나씩 작동할 경우에는 총 2초가 걸린다.
모든 타이머를 동시에 작동할 경우에는 각 작동 시간에 2초를 더한 3, 3초의 시간이 걸린다. 1초(2, 2), 2초(1, 1), 3초(0, 0)가
되므로 총 3초가 걸린다.
따라서 모든 타이머가 종료되는 데 걸리는 최소 시간은 2초이다.

101 정답 8초

1, 3, 5의 타이머가 있을 때, 타이머를 하나씩 작동할 경우에는 총 9초가 걸린다.
모든 타이머를 동시에 작동할 경우에는 각 작동 시간에 3초를 더한 4, 6, 8초의 시간이 걸린다. 1초(3, 5, 7), 2초(2, 4, 6), 3초(1,
3, 5), 4초(0, 2, 4), 5초(0, 1, 3), 6초(0, 0, 2), 7초(0, 0, 1), 8초(0, 0, 0)가 되므로 총 8초가 걸린다.
따라서 모든 타이머가 종료되는 데 걸리는 최소 시간은 8초이다.

102 정답 33초

10, 20, 30의 타이머가 있을 때, 타이머를 하나씩 작동할 경우에는 총 60초가 걸린다.
모든 타이머를 동시에 작동할 경우에는 가장 오래 걸리는 30초에 3을 더한 만큼 시간이 걸린다.
따라서 모든 타이머가 종료되는 데 걸리는 최소 시간은 30+3=33초이다.

103 정답 20초

3, 6, 9, 12, 15의 타이머가 있을 때, 타이머를 하나씩 작동할 경우에는 총 45초가 소요된다.
모든 타이머를 동시에 작동할 경우에는 가장 오래 걸리는 15초에 5를 더한 만큼 시간이 걸린다.
따라서 모든 타이머가 종료되는 데 걸리는 최소 시간은 15+5=20초이다.

104 정답 16초

8, 8, 8, 8, 8, 8, 8, 8의 타이머가 있을 때, 타이머를 하나씩 작동할 경우에는 총 64초가 소요된다.
모든 타이머를 동시에 작동할 경우에는 각 작동 시간에 8초를 더한 16, 16, 16, 16, 16, 16, 16, 16초의 시간이 걸리고, 모든
타이머의 시간이 같으므로 종료되는 시간 또한 같다.
따라서 모든 타이머가 종료되는 데 걸리는 최소 시간은 16초이다.

105 정답 100,004초

타이머의 개수는 총 5개이다.
모든 타이머를 동시에 작동할 경우에는 가장 오래 걸리는 99,999초에 5를 더한 만큼 시간이 걸린다.
따라서 모든 타이머가 종료되는 데 걸리는 최소 시간은 99,999+5=100,004초이다.

[1~5]

예제풀이

	C	D	P	O	G	A
C	1	1	1	1	1	1
E	1	1	1	1	1	1
D	1	2	2	2	2	2
A	1	2	2	2	2	3
Z	1	2	2	2	2	3
X	1	2	2	2	2	3

따라서 두 사람이 방문한 지점의 최장 공통 부분 수열은 C－D－A이다.

01 정답 K－Y

	C	D	K	H	Y	O
P	0	0	0	0	0	0
K	0	0	1	1	1	1
A	0	0	1	1	1	1
V	0	0	1	1	1	1
B	0	0	1	1	1	1
Y	0	0	1	1	2	2

따라서 두 사람이 방문한 지점의 최장 공통 부분 수열은 K－Y이다.

02 정답 A－C－H－K

	D	A	P	C	H	K
A	0	1	1	1	1	1
C	0	1	1	2	2	2
H	0	1	1	2	3	3
Y	0	1	1	2	3	3
K	0	1	1	2	3	4
B	0	1	1	2	3	4

따라서 두 사람이 방문한 지점의 최장 공통 부분 수열은 A－C－H－K이다.

03 정답 N-K-L

	M	N	U	I	K	L
O	0	0	0	0	0	0
A	0	0	0	0	0	0
V	0	0	0	0	0	0
N	0	1	1	1	1	1
K	0	1	1	1	2	2
L	0	1	1	1	2	3

따라서 두 사람이 방문한 지점의 최장 공통 부분 수열은 N-K-L이다.

04 정답 U-I-B-K

	T	U	I	J	B	K
A	0	0	0	0	0	0
U	0	1	1	1	1	1
Q	0	1	1	1	1	1
I	0	1	2	2	2	2
B	0	1	2	2	3	3
K	0	1	2	2	3	4

따라서 두 사람이 방문한 지점의 최장 공통 부분 수열은 U-I-B-K이다.

05 정답 C-K-Z

	L	C	O	K	D	Z
B	0	0	0	0	0	0
A	0	0	0	0	0	0
E	0	0	0	0	0	0
C	0	1	1	1	1	1
K	0	1	1	2	2	2
Z	0	1	1	2	2	3

따라서 두 사람이 방문한 지점의 최장 공통 부분 수열은 C-K-Z이다.

[6~10]

예제풀이

SOFTWARE : 19(S)+15(O)+6(F)+20(T)+23(W)+1(A)+18(R)+5(E)=107점

06 정답 111점

COMPUTER : 3(C)+15(O)+13(M)+16(P)+21(U)+20(T)+5(E)+18(R)=111점

07 정답 103점

ALGORITHM : 1(A)+12(L)+7(G)+15(O)+18(R)+9(I)+20(T)+8(H)+13(M)=103점

08 정답 102점

SELECTION : 19(S)+5(E)+12(L)+5(E)+3(C)+20(T)+9(I)+15(O)+14(N)=102점

09 정답 124점

HELLO WORLD! : 8(H)+5(E)+12(L)+12(L)+15(O)+0(공란)+23(W)+15(O)+18(R)+12(L)+4(D)+0(특수문자)=124점

10 정답 138점

YOU CAN MAKE IT! : 25(Y)+15(O)+21(U)+0(공란)+3(C)+1(A)+14(N)+0(공란)+13(M)+1(A)+11(K)+5(E)+0(공란)+9(I)+20(T)+0(특수문자)=138점

[11~15]

예제풀이

'꽃'을 'ㄲ', 'ㅗ', 'ㅊ'으로 나눈 후 각 대응하는 수를 구하면 15, 5, 100이다.
따라서 15×10,000+5×100+10×1=150,510이다.

11 정답 20,320

'넋'을 'ㄴ', 'ㅓ', 'ㄳ'으로 나눈 후 각 대응하는 수를 구하면 2, 3, 200이다.
따라서 2×10,000+3×100+20×1=20,320이다.

12 정답 61,010

'빛'을 'ㅂ', 'ㅣ', 'ㅊ'으로 나눈 후 각 대응하는 수를 구하면 6, 10, 100이다.
따라서 6×10,000+10×100+10×1=61,010이다.

13 정답 70,123

'삵'을 'ㅅ', 'ㅏ', 'ㄺ'으로 나눈 후 각 대응하는 수를 구하면 7, 1, 230이다.
따라서 7×10,000+1×100+23×1=70,123이다.

14 정답 140,923

'흙'을 'ㅎ', 'ㅡ', 'ㄺ'으로 나눈 후 각 대응하는 수를 구하면 14, 9, 230이다.
따라서 14×10,000+9×100+23×1=140,923이다.

15 정답 70,124

'삶'을 'ㅅ', 'ㅏ', 'ㄲ'으로 나눈 후 각 대응하는 수를 구하면 7, 1, 24이다.

따라서 7×10,000+1×100+24×1=70,124이다.

[16~20]

예제풀이

A는 65, B는 66, C는 67, D는 68의 자원이 필요하므로 A를 보내면 나머지 글자는 보낼 수 없다.

16 정답 SEOUL

S는 83, E는 69, O는 79, U는 85, L은 76의 자원이 필요하고, 컴퓨터의 자원이 400이므로 'SEOUL'이 모두 출력된다.

17 정답 GOOD

G는 71, O는 79, O는 79, D는 68, 공란은 32, J는 74, O는 79, B는 66의 자원이 필요하고, 컴퓨터의 자원이 300이므로 'GOOD'까지 출력된다.

18 정답 SPACECRAF

S는 83, P는 80, A는 65, C는 67, E는 69, C는 67, R은 82, A는 65, F는 70, T는 84의 자원이 필요하고, 컴퓨터의 자원이 700이므로 'SPACECRAF'까지 출력된다.

19 정답 C O D I

C는 67, 공란은 32, O는 79, 공란은 32, D는 68, 공란은 32, I는 73, 공란은 32, N은 78, 공란은 32, G는 71의 자원이 필요하고, 컴퓨터의 자원이 400이므로 'C O D I'까지 출력된다.

20 정답 FANTASTIC

F는 70, A는 65, N은 78, T는 84, A는 65, S는 83, T는 84, I는 73, C는 67의 자원이 필요하고, 컴퓨터의 자원이 710이므로 'FANTASTIC'이 모두 출력된다.

[21~25]

예제풀이

공의 수치는 1번 튕기면 4, 2번 튕기면 2, 3번 튕기면 1이 된다. 1 미만으로 내려갈 수 없으므로 더 이상 튕길 수 없다.

풀이 꿀팁

공의 수치가 1이 될 때까지 $\frac{1}{2}$을 계속하여 곱한다. 튕긴 후 수치가 홀수가 될 때는 1을 더한 후 $\frac{1}{2}$을 곱하여 다음 수치를 구한다.

21 정답 4번

10 → 5 → 3(2.5에서 반올림) → 2(1.5에서 반올림) → 1

22 　정답　5번

$17 \rightarrow 9(8.5$에서 반올림$) \rightarrow 5(4.5$에서 반올림$) \rightarrow 3(2.5$에서 반올림$) \rightarrow 2(1.5$에서 반올림$) \rightarrow 1$

23 　정답　6번

$50 \rightarrow 25 \rightarrow 13(12.5$에서 반올림$) \rightarrow 7(6.5$에서 반올림$) \rightarrow 4(3.5$에서 반올림$) \rightarrow 2 \rightarrow 1$

24 　정답　8번

$131 \rightarrow 66(65.5$에서 반올림$) \rightarrow 33 \rightarrow 17(16.5$에서 반올림$) \rightarrow 9(8.5$에서 반올림$) \rightarrow 5(4.5$에서 반올림$) \rightarrow 3(2.5$에서 반올림$)$
$\rightarrow 2(1.5$에서 반올림$) \rightarrow 1$

25 　정답　13번

$4,621 \rightarrow 2,311(2,310.5$에서 반올림$) \rightarrow 1,156(1,155.5$에서 반올림$) \rightarrow 578 \rightarrow 289 \rightarrow 145(144.5$에서 반올림$) \rightarrow 73(72.5$에서
반올림$) \rightarrow 37(36.5$에서 반올림$) \rightarrow 19(18.5$에서 반올림$) \rightarrow 10(9.5$에서 반올림$) \rightarrow 5 \rightarrow 3(2.5$에서 반올림$) \rightarrow 2(1.5$에서 반올림$)$
$\rightarrow 1$

[26~30]

예제풀이

크기가 10인 아이스크림을 5초 동안 녹인다.
1초당 10%씩 현재 상태에서 아이스크림이 녹는다고 했으므로 1초당 아이스크림의 크기는 90%가 된다는 것과 같다.
$10 \rightarrow 9 \rightarrow 8(\fallingdotseq 8.1) \rightarrow 7(\fallingdotseq 7.2) \rightarrow 6(\fallingdotseq 6.3) \rightarrow 5(\fallingdotseq 5.4)$

26 　정답　7

$12 \rightarrow 11(\fallingdotseq 10.8) \rightarrow 10(\fallingdotseq 9.9) \rightarrow 9 \rightarrow 8(\fallingdotseq 8.1) \rightarrow 7(\fallingdotseq 7.2)$

27 　정답　23

$36 \rightarrow 32(\fallingdotseq 32.4) \rightarrow 29(\fallingdotseq 28.8) \rightarrow 26(\fallingdotseq 26.1) \rightarrow 23(\fallingdotseq 23.4)$

28 　정답　20

$76 \rightarrow 68(\fallingdotseq 68.4) \rightarrow 61(\fallingdotseq 61.2) \rightarrow 55(\fallingdotseq 54.9) \rightarrow 50(\fallingdotseq 49.5) \rightarrow 45 \rightarrow 41(\fallingdotseq 40.5) \rightarrow 37(\fallingdotseq 36.9) \rightarrow 33(\fallingdotseq 33.3) \rightarrow 30(\fallingdotseq$
$29.7) \rightarrow 27 \rightarrow 24(\fallingdotseq 24.3) \rightarrow 22(\fallingdotseq 21.6) \rightarrow 20(\fallingdotseq 19.8)$

29 　정답　5

$80 \rightarrow 72 \rightarrow 65(\fallingdotseq 64.8) \rightarrow 59(\fallingdotseq 58.5) \rightarrow 53(\fallingdotseq 53.1) \rightarrow 48(\fallingdotseq 47.7) \rightarrow 43(\fallingdotseq 43.2) \rightarrow 39(\fallingdotseq 38.7) \rightarrow 35(\fallingdotseq 35.1) \rightarrow 32(\fallingdotseq$
$31.5) \rightarrow 29(\fallingdotseq 28.8) \rightarrow 26(\fallingdotseq 26.1) \rightarrow 23(\fallingdotseq 23.4) \rightarrow 21(\fallingdotseq 20.7) \rightarrow 19(\fallingdotseq 18.9) \rightarrow 17(\fallingdotseq 17.1) \rightarrow 15(\fallingdotseq 15.3) \rightarrow 14(\fallingdotseq$
$13.5) \rightarrow 13(\fallingdotseq 12.6) \rightarrow 12(\fallingdotseq 11.7) \rightarrow 11(\fallingdotseq 10.8) \rightarrow 10(\fallingdotseq 9.9) \rightarrow 9 \rightarrow 8(\fallingdotseq 8.1) \rightarrow 7(\fallingdotseq 7.2) \rightarrow 6(\fallingdotseq 6.3) \rightarrow 5(\fallingdotseq 5.4)$

30 정답 53

$1,234 \rightarrow 1,111(\fallingdotseq 1,110.6) \rightarrow 1,000(\fallingdotseq 999.9) \rightarrow 900 \rightarrow 810 \rightarrow 729 \rightarrow 656(\fallingdotseq 656.1) \rightarrow 590(\fallingdotseq 590.4) \rightarrow 531 \rightarrow 478(\fallingdotseq 477.9) \rightarrow 430(\fallingdotseq 430.2) \rightarrow 387 \rightarrow 348(\fallingdotseq 348.3) \rightarrow 313(\fallingdotseq 313.2) \rightarrow 282(\fallingdotseq 281.7) \rightarrow 254(\fallingdotseq 253.8) \rightarrow 229(\fallingdotseq 228.6) \rightarrow 206(\fallingdotseq 206.1) \rightarrow 185(\fallingdotseq 185.4) \rightarrow 167(\fallingdotseq 166.5) \rightarrow 150(\fallingdotseq 150.3) \rightarrow 135 \rightarrow 122(\fallingdotseq 121.5) \rightarrow 110(\fallingdotseq 109.8) \rightarrow 99 \rightarrow 89(\fallingdotseq 89.1) \rightarrow 80(\fallingdotseq 80.1) \rightarrow 72 \rightarrow 65(\fallingdotseq 64.8) \rightarrow 59(\fallingdotseq 58.5) \rightarrow 53(\fallingdotseq 53.1)$

[31~35]

예제풀이

금속	1	3	6	9
대장장이 힘	5	6	7	8
망치질 횟수	1	1	1	2

따라서 1+1+1+2=5번 망치질하면 된다.

31 정답 6번

금속	3	4	5	6	7	8
대장장이 힘	8	9	10	11	12	13
망치질 횟수	1	1	1	1	1	1

따라서 1+1+1+1+1+1=6번 망치질하면 된다.

32 정답 5번

금속	1	2	3	8
대장장이 힘	1	2	3	4
망치질 횟수	1	1	1	2

따라서 1+1+1+2=5번 망치질하면 된다.

33 정답 19번

금속	2	4	8	16	32	64
대장장이 힘	4	5	6	7	8	9
망치질 횟수	1	1	2	3	4	8

따라서 1+1+2+3+4+8=19번 망치질하면 된다.

34 정답 37번

금속	3	4	5	6	30	40	50	60	120
대장장이 힘	3	4	5	6	7	8	9	10	11
망치질 횟수	1	1	1	1	5	5	6	6	11

따라서 1+1+1+1+5+5+6+6+11=37번 망치질하면 된다.

35 정답 56번

금속	13	26	39	52	65	78	92	105	118	131	144	157
대장장이 힘	13	14	15	16	17	18	19	20	21	22	23	24
망치질 횟수	1	2	3	4	4	5	5	6	6	6	7	7

따라서 $1+2+3+4+4+5+5+6+6+6+7+7=56$번 망치질하면 된다.

[36~40]

예제풀이

먼저 a영양제를 투여해서 버섯의 크기를 4로 만든다. 그다음 c영양제를 투여해서 3, a영양제를 투여해서 4, b영양제를 투여해서 5로 만든다.

풀이 꿀팁

버섯의 크기가 0이 되지 않게 c영양제를 소진시키며, a영양제와 b영양제를 투여한다.
a영양제와 b영양제를 성장 조건에 맞게 사용하고, c영양제를 마지막에 사용하지 않으면 최대 크기가 된다.
영양제의 투여 순서는 다를 수 있지만 최대 크기는 동일하다. 또한 제시된 모든 영양제를 투여한다고 했으므로 문제 조건을 파악했다면 현재 버섯의 크기와 모든 영양제의 성장 수치를 더한 값이 답이 됨을 알 수 있다.

36 정답 6

$c-b-a$
$5+(1\times1)+(1\times1)+(-1\times1)=6$

37 정답 14

$c-c-c-b-a-b-a-b-a$
$11+(1\times3)+(1\times3)+(-1\times3)=14$

38 정답 4

$a-c-c-c-c-b-a-c-a$ 또는 $a-c-c-c-c-c-a-b-a$
버섯의 현재 크기가 c영양제의 개수보다 작거나 같을 때 a영양제 또는 b영양제를 먼저 투여하고 c영양제를 투여한다.
$5+(1\times3)+(1\times1)+(-1\times5)=4$

39 정답 19

$c-c-b-c-c-c-b-c-b-c-b-a-b$ 또는 $c-c-b-c-b-c-b-c-b-c-c-a-b$
$20+(1\times1)+(1\times5)+(-1\times7)=19$

40 정답 4

$a-c-a-b-c-b-c-b-c-b-a$
$1+(1\times3)+(1\times4)+(-1\times4)=4$

[41~45]

예제풀이

품목 번호 \ 무게	1	2	3	4	5
1	0	0	0	1,000	1,000
2	0	0	600	1,000	1,000
3	0	1,400	1,400	1,400	2,000
4	1,200	1,400	2,600	2,600	2,600

따라서 아이스크림 금액의 합의 최댓값은 2,600원이다.

41 정답 2,600원

품목 번호 \ 무게	1	2	3	4	5	6	7
1	1,200	1,200	1,200	1,200	1,200	1,200	1,200
2	1,200	1,200	1,200	1,800	1,800	1,800	1,800
3	1,200	1,200	2,000	2,000	2,000	2,600	2,600
4	1,200	1,200	2,000	2,000	2,000	2,600	2,600

따라서 아이스크림 금액의 합의 최댓값은 2,600원이다.

42 정답 3,800원

품목 번호 \ 무게	1	2	3	4	5	6	7	8
1	0	1,000	1,000	1,000	1,000	1,000	1,000	1,000
2	0	1,000	1,000	1,000	1,600	1,600	1,600	1,600
3	0	1,000	1,000	1,000	2,000	2,000	3,000	3,000
4	800	1,000	1,800	1,800	2,000	2,800	3,000	3,800

따라서 아이스크림 금액의 합의 최댓값은 3,800원이다.

43 정답 2,500원

품목 번호 \ 무게	1	2	3	4
1	0	2,000	2,000	2,000
2	0	2,000	2,000	2,000
3	0	2,000	2,000	2,000
4	500	2,000	2,500	2,500

따라서 아이스크림 금액의 합의 최댓값은 2,500원이다.

44 정답 1,900원

품목 번호 \ 무게	1	2	3	4	5	6	7	8
1	0	0	0	700	700	700	700	700
2	0	700	700	700	700	1,400	1,400	1,400
3	0	700	700	700	1,300	1,400	1,400	1,400
4	0	700	700	1,200	1,300	1,900	1,900	1,900

따라서 아이스크림 금액의 합의 최댓값은 1,900원이다.

45 정답 4,400원

품목 번호 \ 무게	1	2	3	4	5	6	7	8	9	10
1	0	1,000	1,000	1,000	1,000	1,000	1,000	1,000	1,000	1,000
2	0	1,000	1,000	1,000	1,800	1,800	1,800	1,800	1,800	1,800
3	0	1,000	1,000	1,200	1,800	2,200	2,200	2,200	3,000	3,000
4	0	2,200	2,200	3,200	3,200	3,400	4,000	4,400	4,400	4,400

따라서 아이스크림 금액의 합의 최댓값은 4,400원이다.

[46~50]

예제풀이

품목 번호 \ 무게	1	2	3	4	5	6	7	8
1	2,000	2,000	2,000	2,000	2,000	2,000	2,000	2,000
2	2,000	2,000	3,000	5,000	5,000	5,000	5,000	5,000
3	2,000	2,000	3,000	5,000	6,000	6,000	7,000	9,000
4	2,000	2,000	3,000	5,000	6,000	7,000	7,000	9,000

따라서 옷 금액의 합의 최댓값은 9,000원이다.

46 정답 7,000원

품목 번호 \ 무게	1	2	3	4	5	6	7	8
1	0	3,000	3,000	3,000	3,000	3,000	3,000	3,000
2	0	3,000	3,000	3,000	3,000	5,000	5,000	5,000
3	0	3,000	3,000	3,000	4,000	5,000	7,000	7,000
4	0	3,000	3,000	3,000	4,000	5,000	7,000	7,000

따라서 옷 금액의 합의 최댓값은 7,000원이다.

47 　정답　5,000원

품목 번호 ＼ 무게	1	2	3	4	5	6	7	8
1	0	1,500	1,500	1,500	1,500	1,500	1,500	1,500
2	0	1,500	1,500	2,000	2,000	3,500	3,500	3,500
3	0	1,500	1,500	2,000	2,000	3,500	3,500	4,500
4	0	1,500	1,500	2,000	3,500	3,500	5,000	5,000

따라서 옷 금액의 합의 최댓값은 5,000원이다.

48 　정답　6,500원

품목 번호 ＼ 무게	1	2	3	4	5	6	7	8
1	0	0	0	0	1,000	1,000	1,000	1,000
2	0	0	2,500	2,500	2,500	2,500	2,500	3,500
3	0	0	2,500	4,000	4,000	4,000	6,500	6,500
4	0	0	2,500	4,000	4,000	4,000	6,500	6,500

따라서 옷 금액의 합의 최댓값은 6,500원이다.

49 　정답　4,000원

품목 번호 ＼ 무게	1	2	3	4	5	6	7	8
1	0	0	0	0	0	0	2,000	2,000
2	0	0	0	0	0	1,000	2,000	2,000
3	0	0	0	1,500	1,500	1,500	2,000	2,000
4	0	0	0	1,500	4,000	4,000	4,000	4,000

따라서 옷 금액의 합의 최댓값은 4,000원이다.

50 　정답　20,000원

품목 번호 ＼ 무게	1	2	3	4	5	6	7	8
1	0	0	0	0	15,000	15,000	15,000	15,000
2	5,000	5,000	5,000	5,000	15,000	20,000	20,000	20,000
3	5,000	5,000	5,000	5,000	15,000	20,000	20,000	20,000
4	5,000	5,000	5,000	9,000	15,000	20,000	20,000	20,000

따라서 옷 금액의 합의 최댓값은 20,000원이다.

예제풀이

너비 우선 탐색(BFS; Breadth First Search)은 시작 노드를 먼저 탐색한 후 시작 노드에 인접한 노드를 탐색하는 방법이다. 1을 먼저 탐색한 후 하위 노드인 2, 4, 7을 차례대로 탐색한다. 그 후에 2의 하위 노드인 5, 6을 차례대로 탐색하고, 4의 하위 노드인 3을 탐색한다.

따라서 탐색 순서는 $1 \rightarrow 2 \rightarrow 4 \rightarrow 7 \rightarrow 5 \rightarrow 6 \rightarrow 3$이다.

---

51 **정답** $1 \rightarrow 5 \rightarrow 6 \rightarrow 7 \rightarrow 2 \rightarrow 4 \rightarrow 3$

1을 먼저 탐색한 후 하위 노드인 5, 6, 7을 차례대로 탐색한다. 그 후에 6의 하위 노드인 2, 4를 차례대로 탐색하고, 7의 하위 노드인 3을 탐색한다.

따라서 탐색 순서는 $1 \rightarrow 5 \rightarrow 6 \rightarrow 7 \rightarrow 2 \rightarrow 4 \rightarrow 3$이다.

---

52 **정답** $1 \rightarrow 2 \rightarrow 4 \rightarrow 7 \rightarrow 5 \rightarrow 3 \rightarrow 6$

1을 먼저 탐색한 후 하위 노드인 2, 4, 7을 차례대로 탐색한다. 그 후에 2의 하위 노드인 5, 4의 하위 노드인 3을 차례대로 탐색하고, 7의 하위 노드인 6을 탐색한다.

따라서 탐색 순서는 $1 \rightarrow 2 \rightarrow 4 \rightarrow 7 \rightarrow 5 \rightarrow 3 \rightarrow 6$이다.

---

53 **정답** $1 \rightarrow 3 \rightarrow 5 \rightarrow 6 \rightarrow 7 \rightarrow 2 \rightarrow 4$

1을 먼저 탐색한 후 하위 노드인 3, 5, 6을 차례대로 탐색한다. 그 후에 3의 하위 노드인 7을 탐색하고, 5의 하위 노드인 2, 4를 차례대로 탐색한다.

따라서 탐색 순서는 $1 \rightarrow 3 \rightarrow 5 \rightarrow 6 \rightarrow 7 \rightarrow 2 \rightarrow 4$이다.

---

54 **정답** $1 \rightarrow 2 \rightarrow 3 \rightarrow 6 \rightarrow 4 \rightarrow 5 \rightarrow 7$

1을 먼저 탐색한 후 하위 노드인 2, 3, 6을 차례대로 탐색한다. 그 후에 2의 하위 노드인 4를 탐색하고, 6의 하위 노드인 5, 7을 차례대로 탐색한다.

따라서 탐색 순서는 $1 \rightarrow 2 \rightarrow 3 \rightarrow 6 \rightarrow 4 \rightarrow 5 \rightarrow 7$이다.

---

55 **정답** $1 \rightarrow 2 \rightarrow 4 \rightarrow 7 \rightarrow 3 \rightarrow 5 \rightarrow 6$

1을 먼저 탐색한 후 하위 노드인 2, 4, 7, 3을 차례대로 탐색한다. 그 후에 2의 하위 노드인 5를 탐색하고, 4의 하위 노드인 6을 탐색한다.

따라서 탐색 순서는 $1 \rightarrow 2 \rightarrow 4 \rightarrow 7 \rightarrow 3 \rightarrow 5 \rightarrow 6$이다.

예제풀이

가장 왼쪽 자식 노드인 D를 탐색하고 D와 같은 계층인 오른쪽 자식 노드 E를 탐색한다. 같은 계층의 하위 노드를 모두 탐색했으므로 부모 노드인 B를 탐색한다. 이어서 B와 같은 계층이며 오른쪽에 있는 노드인 C를 탐색한다. 같은 계층의 B, C를 모두 탐색했으므로 부모 노드인 A를 탐색한다.

따라서 탐색 순서는 $D \rightarrow E \rightarrow B \rightarrow C \rightarrow A$이므로 E는 2번째에서 찾을 수 있다.

56 정답 5번째

가장 왼쪽 자식 노드인 D를 탐색하고 D와 같은 계층인 오른쪽 자식 노드 E를 탐색한다. 같은 계층의 하위 노드를 모두 탐색했으므로 부모 노드인 B를 탐색한다. 이어서 B와 같은 계층이며 오른쪽에 있는 노드인 C를 탐색해야 하지만, C의 왼쪽 자식 노드인 F가 있으므로 F를 먼저 탐색하고 C를 탐색한다. 같은 계층의 B, C를 모두 탐색했으므로 부모 노드인 A를 탐색한다.

따라서 탐색 순서는 D → E → B → F → C → A이므로 C는 5번째에서 찾을 수 있다.

57 정답 5번째

가장 왼쪽 자식 노드인 E를 탐색한다. 모든 하위 노드를 탐색했으므로 부모 노드인 B를 탐색한다. B와 같은 계층이며 오른쪽에 있는 노드 C를 탐색해야 하지만, 하위 노드인 F, G가 있으므로 F, G를 먼저 탐색하고 C를 탐색한다. 이어서 H → I → D도 같은 순서로 탐색한다. 같은 계층의 B, C, D를 모두 탐색했으므로 부모 노드인 A를 탐색한다.

따라서 탐색 순서는 E → B → F → G → C → H → I → D → A이므로 C는 5번째에서 찾을 수 있다.

58 정답 4번째

가장 왼쪽 자식 노드인 D를 탐색하고 D와 같은 계층인 노드 E를 탐색해야 하지만, 하위 노드인 F, G가 있으므로 F, G를 먼저 탐색한 후 E를 탐색한다. 같은 계층의 D, E를 모두 탐색했으므로 부모 노드인 B를 탐색한다. 이어서 B와 같은 계층이며 오른쪽에 있는 노드 C를 탐색한다. 같은 계층의 B, C를 모두 탐색했으므로 부모 노드인 A를 탐색한다.

따라서 탐색 순서는 D → F → G → E → B → C → A이므로 E는 4번째에서 찾을 수 있다.

59 정답 6번째

가장 왼쪽 자식 노드인 B를 탐색하고 B와 같은 계층인 노드 C를 탐색해야 하지만, 하위 노드인 F, G가 있으므로 F, G를 먼저 탐색한 후 C를 탐색한다. 이어서 H → D도 같은 방법으로 탐색한다. 같은 계층의 B, C, D를 모두 탐색했으므로 부모 노드인 A를 탐색한다.

따라서 탐색 순서는 B → F → G → C → H → D → A이므로 D는 6번째에서 찾을 수 있다.

60 정답 7번째

가장 왼쪽 자식 노드인 E를 탐색하고 부모 노드인 B를 탐색한다. 이어서 B와 같은 계층인 노드 C를 탐색해야 하지만, 하위 노드인 F, G가 있으므로 F, G를 먼저 탐색해야 한다. 그러나 G 또한 하위 노드인 J, K가 있으므로 J, K를 먼저 탐색 후 G를 탐색한다. F, G를 모두 탐색한 후 부모 노드인 C를 탐색한다. 이어서 H → I → D도 같은 방법으로 탐색한다. 같은 계층의 B, C, D를 모두 탐색했으므로 부모 노드인 A를 탐색한다.

따라서 탐색 순서는 E → B → F → J → K → G → C → H → I → D → A이므로 C는 7번째에서 찾을 수 있다.

[61~65]

예제풀이

큰 나무 씨앗의 왼쪽에 땅이 없게 하며, 같은 종류의 씨앗이 같은 땅에 심어지지 않도록 한다.

첫째 날	2 0 0 0
둘째 날	3 1 0 0
셋째 날	3 1 1 0

따라서 나올 수 있는 숫자의 합의 최댓값은 3+1+1=5이다.

풀이 꿀팁

큰 나무 씨앗의 왼쪽에 땅이 없게 하기 위해 되도록 큰 나무 씨앗을 맨 왼쪽에 심는다.

61 정답 4

첫째 날	2 0 0
둘째 날	3 1 0

따라서 나올 수 있는 숫자의 합의 최댓값은 3+1=4이다.

62 정답 5

첫째 날	1 0
둘째 날	2 0
셋째 날	3 1
넷째 날	3 2

따라서 나올 수 있는 숫자의 합의 최댓값은 3+2=5이다.

63 정답 10

첫째 날	2 0 0 0 0 0
둘째 날	3 1 0 0 0 0
셋째 날	3 1 2 0 0 0
넷째 날	3 1 3 1 0 0
다섯째 날	3 1 3 1 2 0

따라서 나올 수 있는 숫자의 합의 최댓값은 3+1+3+1+2=10이다.

64 정답 2

첫째 날	1
둘째 날	-1
셋째 날	2

따라서 나올 수 있는 숫자의 합의 최댓값은 2이다.

65 정답 11

첫째 날	2 0 0 0 0
둘째 날	3 1 0 0 0
셋째 날	3 2 0 0 0
넷째 날	3 3 1 0 0
다섯째 날	3 3 2 0 0
여섯째 날	3 3 3 1 0
일곱째 날	3 3 3 1 1

따라서 나올 수 있는 숫자의 합의 최댓값은 3+3+3+1+1=11이다.

예제풀이

세포들은 배양판에 다음과 같이 위치되어 있다.

감염					정상 1					정상 2		
												···

정상세포가 2개이므로 감염세포는 1초당 2칸씩 감염 범위를 늘려간다.

감염	2	2			정상 1					정상 2		
												··· 1초
감염	2	2	2	2	정상 1					정상 2		··· 2초
감염	2	2	2	2	감염 1	2				정상 2		··· 3초

정상세포가 1개로 줄었으므로 감염세포는 1초당 1칸씩 감염 범위를 늘려간다.

감염	2	2	2	2	감염 1	2	1			정상 2		··· 4초
감염	2	2	2	2	감염 1	2	1	1		정상 2		··· 5초
감염	2	2	2	2	감염 1	2	1	1	1	정상 2		··· 6초
감염	2	2	2	2	감염 1	2	1	1	1	감염 2		··· 7초

66 정답 6초

처음에 정상세포가 2개이므로 4번째 칸까지 2칸씩 2초가 걸리고, 5번째 칸부터 8번째 칸까지는 1칸씩 4초가 걸린다.
따라서 총 2+4=6초가 걸린다.

67 정답 2초

처음에 정상세포가 3개이므로 6번째 칸까지 3칸씩 2초가 걸린다.

68 정답 6초

처음에 정상세포가 4개이므로 4번째 칸까지 1초, 5번째 칸부터 7번째 칸까지 1초, 8번째 칸부터 9번째 칸까지 1초, 10번째 칸부터 12번째 칸까지 3초가 걸린다.
따라서 총 1+1+1+3=6초가 걸린다.

69 정답 9초

처음에 정상세포가 5개이므로 5번째 칸까지 1초, 6번째 칸부터 13번째 칸까지 2초, 14번째 칸부터 16번째 칸까지 1초, 17번째 칸부터 21번째 칸까지 5초가 걸린다.
따라서 총 1+2+1+5=9초가 걸린다.

70 정답 86초

처음에 정상세포가 8개이므로 8번째 칸까지 1초, 9번째 칸부터 13번째 칸까지 1초, 14번째 칸부터 19번째 칸까지 3초, 20번째 칸부터 100번째 칸까지 81초가 걸린다.
따라서 총 1+1+3+81=86초가 걸린다.

예제풀이

1			
		2	2
		2	2

모든 물감이 들어가므로 낭비되는 물감이 없다.

풀이 **꿀팁**

$N \times N$ 크기의 캔버스와 사용하는 물감의 면적을 직접 그려서 답을 구한다.

71 **정답** 0

1					
		2	2	2	2
		2	2	2	2
		2	2	2	2
		2	2	2	2

모든 물감이 들어가므로 낭비되는 물감이 없다.

72 **정답** 0

1	1			
1	1			
			2	2
			2	2

모든 물감이 들어가므로 낭비되는 물감이 없다.

73 **정답** 5

3	3	3
3	3	3
3	3	3
2	2	1
2	2	

물감 3으로 캔버스 안을 전부 채우고 나면 나머지 물감은 전부 낭비된다. 따라서 낭비되는 물감은 $(1 \times 1) + (2 \times 2) = 5$이다.

74 정답 0

1	1		2	2	2
5	5	5	2	2	2
5	5	5	3	3	3
5	5	5	3	3	3
4	4		3	3	3
4	4		3	3	3

모든 물감이 들어가므로 낭비되는 물감이 없다.

75 정답 1

2	2	2	2	2	3	6	
2	2	2	2	2	3	6	
2	2	2	2	2	3	6	
2	2	2	2	2	3	6	
2	2	2	2	2	3	6	
5	5	5	5	4	4	4	
5	5	5	5	1	1	1	1

따라서 낭비되는 물감은 1이다.

[76~80]

예제풀이

깊이 우선 탐색 기법으로 접근하여 문제를 해결해야 하며, 모든 알파벳 수의 합이 최소여야 한다.
P에서 오른쪽으로 1번, 아래로 4번, 오른쪽으로 1번 이동하면 목표 지점인 G에 최단 경로로 도착한다.
따라서 최단 경로는 R D4 R이다.

풀이 꿀팁

최단 경로를 찾기 위해서는 W를 맞닥뜨리지 않는 경로를 찾아야 한다.

76 정답 R6 D7 R2 D2 R

R6 D7 R2 D2 R → 18칸

77 정답 L3 D2 L2 U2 L6 D2 L2 D5 R2 D2 R

L3 D2 L2 U2 L6 D2 L2 D5 R2 D2 R → 29칸

78 정답 U2 R5 U7 L5 U7 R6 D4 R2 D2 R

U2 R5 U7 L5 U7 R6 D4 R2 D2 R → 41칸

79 정답 U5 L2 U3 R2 U5 L3 U2 R3 U4 L3 D2 L2 U2 L6 D2 L2 D5 R2 D2 R

U5 L2 U3 R2 U5 L3 U2 R3 U4 L3 D2 L2 U2 L6 D2 L2 D5 R2 D2 R → 58칸

80 정답 U5 L2 U3 R2 U5 L3 U2 R3 U4 L3 D2 L2 U2 L6 D2 L2 U2 L6

U5 L2 U3 R2 U5 L3 U2 R3 U4 L3 D2 L2 U2 L6 D2 L2 U2 L6 → 56칸

[81~85]

예제풀이

- A → B → F : 11km
- A → B → C → F : 14km
- A → G → B → F : 34km

따라서 출발 지점에서 도착 지점까지의 최소 이동거리는 A → B → F로, 11km이다.

81 정답 12km

- C → F → I : 12km
- C → B → F → I : 21km
- C → D → F → I : 15km

따라서 출발 지점에서 도착 지점까지의 최소 이동거리는 C → F → I로, 12km이다.

82 정답 19km

- G → B → C → D : 19km
- G → A → B → C → D : 26km
- G → B → C → F → D : 28km
- G → B → F → D : 25km
- G → B → F → C → D : 26km

따라서 출발 지점에서 도착 지점까지의 최소 이동거리는 G → B → C → D로, 19km이다.

83 정답 24km

- A → B → F → D → J : 24km
- A → B → C → F → D → J : 27km
- A → B → F → C → D → J : 25km
- A → G → B → F → D → J : 47km

따라서 출발 지점에서 도착 지점까지의 최소 이동거리는 A → B → F → D → J로, 24km이다.

84 정답 14km

- B → F → D : 14km
- B → C → D → F : 14km
- B → F → C → D : 15km
- B → C → F → D : 17km

따라서 출발 지점에서 도착 지점까지의 최소 이동거리는 B → F → D 또는 B → C → D → F로, 14km이다.

85 정답 11km

- F → B → A : 11km
- F → B → G → A : 34km
- F → C → B → A : 14km

따라서 출발 지점에서 도착 지점까지의 최소 이동거리는 F → B → A로, 11km이다.

예제풀이

- A → B → C → G : 16km
- A → B → C → F → G : 22km
- A → B → E → F → G : 23km
- A → E → B → F → G : 28km
- A → B → C → D → G : 17km
- A → B → F → G : 14km
- A → E → F → G : 21km
- A → F → G : 20km

따라서 출발 지점에서 도착 지점까지의 최소 이동거리는 A → B → F → G로, 14km이다.

86 정답 11km

- D → C → F : 13km
- D → C → G → F : 17km
- D → G → F : 12km
- D → C → B → F : 11km
- D → G → C → F : 26km
- D → H → G → F : 24km

따라서 출발 지점에서 도착 지점까지의 최소 이동거리는 D → C → B → F로, 11km이다.

87 정답 15km

- H → D → C : 15km
- H → G → C : 16km
- H → G → F → C : 22km
- H → D → G → C : 28km
- H → G → D → C : 17km
- H → G → F → B → C : 20km

따라서 출발 지점에서 도착 지점까지의 최소 이동거리는 H → D → C로, 15km이다.

88 정답 21km

- C → B → E → A : 21km
- C → F → E → A : 26km
- C → G → F → E → A : 30km
- C → B → F → E → A : 24km
- C → F → B → E → A : 33km
- C → G → F → B → E → A : 37km

따라서 출발 지점에서 도착 지점까지의 최소 이동거리는 C → B → E → A로, 21km이다.

89 정답 24km

- A → E → B → C → D : 24km
- A → E → F → G → D : 28km
- A → E → F → G → H → D : 40km
- A → B → E → F → C → D : 31km
- A → E → F → C → D : 29km
- A → E → F → B → C → D : 27km
- A → B → E → F → G → D : 30km
- A → B → C → D → G → F → E : 28km

따라서 출발 지점에서 도착 지점까지의 최소 이동거리는 A → E → B → C → D로, 24km이다.

90 정답 32km

- E → B → C → D → G : 21km
- E → F → C → D → G : 26km
- E → A → B → C → D → G : 27km
- E → F → B → C → D → G : 24km
- E → B → C → D → H → G : 33km
- E → F → C → D → H → G : 38km
- E → A → B → C → D → H → G : 39km
- E → F → B → C → D → H → G : 36km

따라서 출발 지점에서 도착 지점까지의 최소 이동거리는 E → B → C → D → G로, 21km이다.

예제풀이

- A → G → E : 126
- A → G → C → D → E : 126
- A → B → C → G → E : 123
- A → F → G → E : 177
- A → G → D → E : 138
- A → B → G → E : 126
- A → B → C → D → G → E : 157
- A → F → I → G → E : 167

따라서 A에서 출발하여 G를 거쳐 E에 도착하기까지 걸린 시간이 최소인 경로는 A → B → C → G → E이다.

91 　정답　 L → G → C → B → A

- L → G → A : 112
- L → G → C → A : 203
- L → G → F → A : 163
- L → K → G → C → B → A : 111
- L → M → G → A : 142
- L → G → B → A : 112
- L → G → C → B → A : 109
- L → K → G → A : 114
- L → K → J → G → A : 117
- L → M → G → C → B → A : 139

따라서 L에서 출발하여 G를 거쳐 A에 도착하기까지 걸린 시간이 최소인 경로는 L → G → C → B → A이다.

92 　정답　 138

- J → K → L → N → G : 257
- J → K → L → M → N → E → G : 148
- J → K → L → M → N → E → D → C → G : 148
- J → I → F → A → B → C → D → E → N → G : 225
- J → K → L → M → N → G : 138
- J → K → L → M → N → D → G : 238

따라서 J에서 출발하여 N을 거쳐 G에 도착하기까지 걸린 시간이 최소인 시간은 J → K → L → M → N → G로, 138이다.

93 　정답　 89

- C → G → M : 91
- C → G → N → M : 121
- C → B → G → M : 134
- C → G → K → L → M : 91
- C → G → L → M : 89
- C → G → E → N → M : 131
- C → D → G → M : 125
- C → G → J → K → L → M : 94

따라서 C에서 출발하여 G를 거쳐 M에 도착하기까지 걸린 시간이 최소인 시간은 C → G → L → M으로, 89이다.

94 　정답　 300

거쳐 간 장소의 수가 최소이므로, 우회하여 돌아간 길만 고르면 C → A → F → K일 때 거쳐 간 장소의 수가 최소이다.
따라서 C → A → F → K일 때 걸린 시간은 128+27+145=300이다.

95 정답 G → J → K → L → M

- G → A → B → C → D : 109
- G → B → C → D → E : 105
- G → C → D → E → N : 80
- G → D → E → N → M : 116
- G → E → N → M → L : 118
- G → N → M → L → K : 128
- G → M → L → K → J : 108
- G → L → K → J → I : 95

- G → D → C → B → A : 95
- G → E → D → C → B : 117
- G → N → E → D → C : 123
- G → M → N → E → D : 130
- G → L → M → N → E : 104
- G → K → L → M → N : 88
- G → J → K → L → M : 67
- G → I → J → K → L : 101

⋮   ⋮

따라서 G에서 출발하여 거쳐 간 장소의 수가 5개일 때 걸린 시간이 최소가 되는 경로는 G → J → K → L → M이다.

[1~5]

예제풀이

$\dfrac{(오른쪽\ 도미노의\ 크기)}{(왼쪽\ 도미노의\ 크기)} > 1.5$인 도미노를 찾는다.

$\dfrac{14}{10} \le 1.5$, $\dfrac{20}{14} \le 1.5$, $\dfrac{28}{20} \le 1.5$, $\dfrac{40}{28} \le 1.5$, $\dfrac{65}{40} > 1.5$, …

크기가 65인 도미노는 쓰러지지 않으므로 5번째 도미노까지 쓰러지고, 이후 도미노는 쓰러지지 않는다.

01 정답 3번째

$\dfrac{7}{5} \le 1.5$, $\dfrac{8}{7} \le 1.5$, $\dfrac{15}{8} > 1.5$, …

크기가 15인 도미노는 쓰러지지 않으므로 3번째 도미노까지 쓰러지고, 이후 도미노는 쓰러지지 않는다.

02 정답 13번째

모든 도미노의 크기가 증가하는 정도가 1.5 이하이므로, 제시된 13번째 도미노까지 모두 쓰러진다.

03 정답 12번째

$\dfrac{40}{30} \le 1.5$, $\dfrac{55}{40} \le 1.5$, $\dfrac{75}{55} \le 1.5$, $\dfrac{100}{75} \le 1.5$, $\dfrac{135}{100} \le 1.5$, $\dfrac{160}{135} \le 1.5$, $\dfrac{230}{160} \le 1.5$, $\dfrac{340}{230} \le 1.5$, $\dfrac{500}{340} \le 1.5$, $\dfrac{650}{500} \le 1.5$,

$\dfrac{950}{650} \le 1.5$, $\dfrac{1,500}{950} > 1.5$

크기가 1,500인 도미노는 쓰러지지 않으므로 12번째 도미노까지 쓰러지고, 이후 도미노는 쓰러지지 않는다.

04 정답 6번째

$\dfrac{5}{4} \le 1.5$, $\dfrac{7}{5} \le 1.5$, $\dfrac{10}{7} \le 1.5$, $\dfrac{13}{10} \le 1.5$, $\dfrac{18}{13} \le 1.5$, $\dfrac{30}{18} > 1.5$, …

크기가 30인 도미노는 쓰러지지 않으므로 6번째 도미노까지 쓰러지고, 이후 도미노는 쓰러지지 않는다.

05 정답 9번째

$\dfrac{103}{100} \le 1.5$, $\dfrac{106}{103} \le 1.5$, $\dfrac{115}{106} \le 1.5$, $\dfrac{124}{115} \le 1.5$, $\dfrac{151}{124} \le 1.5$, $\dfrac{178}{151} \le 1.5$, $\dfrac{259}{178} \le 1.5$, $\dfrac{340}{259} \le 1.5$, $\dfrac{583}{340} > 1.5$, …

크기가 583인 도미노는 쓰러지지 않으므로 9번째 도미노까지 쓰러지고, 이후 도미노는 쓰러지지 않는다.

예제풀이

20에서 끝났으므로 19까지 일의 자리가 3, 6, 9인 수는 3, 6, 9, 13, 16, 19이므로 박수를 친 총횟수는 6회이다.

06   정답 22회

40에서 끝났으므로 39까지 일의 자리가 3, 6, 9인 수는 12개, 십의 자리가 3인 수는 10개이다.
따라서 박수를 친 총횟수는 12+10=22회이다.

07   정답 64회

115에서 끝났으므로 114까지 박수를 친 횟수를 구한다.
1 ~ 100까지 일의 자리가 3, 6, 9인 수는 30개, 십의 자리가 3, 6, 9인 수는 30개이다. 101 ~ 114까지 일의 자리가 3, 6, 9인 수는 4개이다.
따라서 박수를 친 총횟수는 30+30+4=64회이다.

08   정답 255회

350에서 끝났으므로 349까지 박수를 친 횟수를 구한다.
1 ~ 300까지 일의 자리가 3, 6, 9인 수는 30×3=90개, 십의 자리가 3, 6, 9인 수는 30×3=90개, 백의 자리가 3인 수는 1개이다.
301 ~ 349까지 일의 자리가 3, 6, 9인 수는 3×5=15개, 십의 자리가 3인 수는 10개, 백의 자리가 3인 수는 49개이다.
따라서 박수를 친 총횟수는 90+90+1+15+10+49=255회이다.

09   정답 663회

777에서 끝났으므로 776까지 박수를 친 횟수를 구한다.
1 ~ 700까지 일의 자리가 3, 6, 9인 수는 30×7=210개, 십의 자리가 3, 6, 9인 수는 30×7=210개, 백의 자리가 3, 6인 수는 200개이다.
701 ~ 776까지 일의 자리가 3, 6, 9인 수는 3×7+2=23개, 십의 자리가 3, 6인 수는 20개이다.
따라서 박수를 친 총횟수는 210+210+200+23+20=663회이다.

10   정답 3,258회

3,333에서 끝났으므로 3,332까지 박수를 친 횟수를 구한다.
1 ~ 1,000까지 일의 자리가 3, 6, 9인 수는 300개, 십의 자리가 3, 6, 9인 수는 300개, 백의 자리가 3, 6, 9인 수는 300개이므로
1 ~ 3,000까지 일의 자리가 3, 6, 9인 수는 300×3=900개, 십의 자리가 3, 6, 9인 수는 300×3=900개, 백의 자리가 3, 6, 9인 수는 300×3=900개, 천의 자리가 3인 수는 1개이다.
3,001 ~ 3,332까지 일의 자리가 3, 6, 9인 수는 30×3+9=99개, 십의 자리가 3, 6, 9인 수는 30×3+3=93개, 백의 자리가 3인 수는 33개, 천의 자리가 3인 수는 332개이다.
따라서 박수를 친 총횟수는 900+900+900+1+99+93+33+332=3,258회이다.

종이를 반으로 N번 접으면 종이를 2^N번 겹치는 것과 같다. 그러므로 N번 접은 후 구멍을 뚫으면 구멍은 2^N개 생긴다. 따라서 구멍의 수는 $2^2 = 4$개이다.

11 정답 16개

구멍의 수는 $2^4 = 16$개이다.

12 정답 32개

구멍의 수는 $2^5 = 32$개이다.

13 정답 256개

구멍의 수는 $2^8 = 256$개이다.

14 정답 1,024개

구멍의 수는 $2^{10} = 1,024$개이다.

15 정답 4,096개

구멍의 수는 $2^{12} = 4,096$개이다.

[16~20]

예제풀이

N각형의 대각선의 개수를 구하는 공식을 이용하여 풀이한다.

$$\frac{N(N-3)}{2} = \frac{4(4-3)}{2} = 2$$

16 정답 5개

$$\frac{5(5-3)}{2} = 5$$

17 정답 14개

$$\frac{7(7-3)}{2} = 14$$

18 정답 27개

$$\frac{9(9-3)}{2}=27$$

19 정답 54개

$$\frac{12(12-3)}{2}=54$$

20 정답 1,175개

$$\frac{50(50-3)}{2}=1,175$$

[21~25]

예제풀이

$(n+1)$번째 항은 n번째 항에 2^n을 더한 값이다.

$(n+1)$번째 항을 a_{n+1}이라 할 때, $a_{n+1}-a_n=2^n$이므로 $a_{n+1}=a_1+2\times(2^n-1)=2^{n+1}+1$이다.

따라서 $a_n=2^n+1$이므로 $n=7$일 때 $2^7+1=128+1=129$이다.

21 정답 257

$a_n=2^n+1$이므로 $n=8$일 때, $2^8+1=256+1=257$이다.

22 정답 1,025

$a_n=2^n+1$이므로 $n=10$일 때, $2^{10}+1=1,024+1=1,025$이다.

23 정답 4,097

$a_n=2^n+1$이므로 $n=12$일 때, $2^{12}+1=4,096+1=4,097$이다.

24 정답 16,385

$a_n=2^n+1$이므로 $n=14$일 때, $2^{14}+1=16,384+1=16,385$이다.

25 정답 65,537

$a_n=2^n+1$이므로 $n=16$일 때, $2^{16}+1=65,536+1=65,537$이다.

예제풀이

$a_1 = a_4 = a_7 = \cdots, \ a_2 = a_5 = a_8 = \cdots, \ a_3 = a_6 = a_9 = \cdots$이다.

따라서 $\displaystyle\sum_{n=1}^{18} a_n = \sum_{n=1}^{6 \times 3} a_n = 6 \times (a_1 + a_2 + a_3) = 6 \times (3+4+1) = 48$이다.

---

26 정답 11

$a_1 = a_4 = a_7 = \cdots, \ a_2 = a_5 = a_8 = \cdots, \ a_3 = a_6 = a_9 = \cdots$이다.

따라서 $\displaystyle\sum_{n=1}^{4} a_n = \sum_{n=1}^{1 \times 3 + 1} a_n = (a_1 + a_2 + a_3) + a_4 = (a_1 + a_2 + a_3) + a_1 = (3+4+1) + 3 = 11$이다.

---

27 정답 24

$a_1 = a_4 = a_7 = \cdots, \ a_2 = a_5 = a_8 = \cdots, \ a_3 = a_6 = a_9 = \cdots$이다.

따라서 $\displaystyle\sum_{n=1}^{9} a_n = \sum_{n=1}^{3 \times 3} a_n = 3 \times (a_1 + a_2 + a_3) = 3 \times (3+4+1) = 24$이다.

---

28 정답 51

$a_1 = a_4 = a_7 = \cdots, \ a_2 = a_5 = a_8 = \cdots, \ a_3 = a_6 = a_9 = \cdots$이다.

따라서 $\displaystyle\sum_{n=1}^{19} a_n = \sum_{n=1}^{6 \times 3 + 1} a_n = 6 \times (a_1 + a_2 + a_3) + a_{19} = 6 \times (a_1 + a_2 + a_3) + a_1 = 6 \times (3+4+1) + 3 = 51$이다.

---

29 정답 63

$a_1 = a_4 = a_7 = \cdots, \ a_2 = a_5 = a_8 = \cdots, \ a_3 = a_6 = a_9 = \cdots$이다.

따라서 $\displaystyle\sum_{n=1}^{23} a_n = \sum_{n=1}^{7 \times 3 + 2} a_n = 7 \times (a_1 + a_2 + a_3) + a_{22} + a_{23} = 7 \times (a_1 + a_2 + a_3) + a_1 + a_2 = 7 \times (3+4+1) + 3 + 4 = 63$이다.

---

30 정답 135

$a_1 = a_4 = a_7 = \cdots, \ a_2 = a_5 = a_8 = \cdots, \ a_3 = a_6 = a_9 = \cdots$이다.

따라서 $\displaystyle\sum_{n=1}^{50} a_n = \sum_{n=1}^{16 \times 3 + 2} a_n = 16 \times (a_1 + a_2 + a_3) + a_{49} + a_{50} = 16 \times (a_1 + a_2 + a_3) + a_1 + a_2 = 16 \times (3+4+1) + 3 + 4 = 135$이다.

[31~35]

예제풀이

늘어난 칸의 수는 8, 16, 24, …의 규칙을 갖고, 해당 칸의 값은 8, (8+16), (8+16+24), …로 증가한다.

처음 수 N에서 K번 증가한 수의 합을 수열 a_n이라고 하면 $a_1 = N$, $a_n = 8(n-1)(4n^2 - 4n + N)$이다.

처음 수 1에서 2번 확장해 나가므로 $a_1 + a_2 + a_3 = 1 + 72 + 400 = 473$이다.

31 정답 1,649

처음 수 N에서 K번 증가한 수의 합을 수열 a_n이라고 하면 $a_1 = N$, $a_n = 8(n-1)(4n^2 - 4n + N)$이다.

처음 수 1에서 3번 확장해 나가므로 $a_1 + a_2 + a_3 + a_4 = 1 + 72 + 400 + 1,176 = 1,649$이다.

32 정답 1,698

처음 수 N에서 K번 증가한 수의 합을 수열 a_n이라고 하면 $a_1 = N$, $a_n = 8(n-1)(4n^2 - 4n + N)$이다.

처음 수 2에서 3번 확장해 나가므로 $a_1 + a_2 + a_3 + a_4 = 2 + 80 + 416 + 1,200 = 1,698$이다.

33 정답 4,403

처음 수 N에서 K번 증가한 수의 합을 수열 a_n이라고 하면 $a_1 = N$, $a_n = 8(n-1)(4n^2 - 4n + N)$이다.

처음 수 3에서 4번 확장해 나가므로 $a_1 + a_2 + a_3 + a_4 + a_5 = 3 + 88 + 432 + 1,224 + 2,656 = 4,403$이다.

34 정답 30,468

처음 수 N에서 K번 증가한 수의 합을 수열 a_n이라고 하면 $a_1 = N$, $a_n = 8(n-1)(4n^2 - 4n + N)$이다.

처음 수 4에서 7번 확장해 나가므로

$a_1 + a_2 + a_3 + a_4 + a_5 + a_6 + a_7 + a_8 = 4 + 96 + 448 + 1,248 + 2,688 + 4,960 + 8,256 + 12,768 = 30,468$이다.

35 정답 76,447

처음 수 N에서 K번 증가한 수의 합을 수열을 a_n이라고 하면 $a_1 = N$, $a_n = 8(n-1)(4n^2 - 4n + N)$이다.

처음 수 7에서 9번 확장해 나가므로

$a_1 + a_2 + a_3 + a_4 + a_5 + a_6 + a_7 + a_8 + a_9 + a_{10} = 7 + 120 + 496 + 1,320 + 2,784 + 5,080 + 8,400 + 12,936 + 18,880 + 26,424 = $
76,447이다.

[36~40]

예제풀이

1번째 쥐를 잡았을 때	5, 4	총 1초 소요
2번째 쥐를 잡았을 때	9	총 6초 소요
3번째 쥐를 잡았을 때	–	총 15초 소요

36 정답 26초

1번째 쥐를 잡았을 때	3, 4, 5	총 1초 소요
2번째 쥐를 잡았을 때	7, 8	총 4초 소요
3번째 쥐를 잡았을 때	15	총 11초 소요
4번째 쥐를 잡았을 때	−	총 26초 소요

37 정답 129초

1번째 쥐를 잡았을 때	9, 8, 7, 6	총 5초 소요
2번째 쥐를 잡았을 때	17, 16, 15	총 14초 소요
3번째 쥐를 잡았을 때	33, 32	총 31초 소요
4번째 쥐를 잡았을 때	65	총 64초 소요
5번째 쥐를 잡았을 때	−	총 129초 소요

38 정답 67초

1번째 쥐를 잡았을 때	2, 2, 2, 3, 4	총 1초 소요
2번째 쥐를 잡았을 때	4, 4, 5, 6	총 3초 소요
3번째 쥐를 잡았을 때	8, 9, 10	총 7초 소요
4번째 쥐를 잡았을 때	17, 18	총 15초 소요
5번째 쥐를 잡았을 때	35	총 32초 소요
6번째 쥐를 잡았을 때	−	총 67초 소요

39 정답 1,149초

1번째 쥐를 잡았을 때	17, 18, 19, 20, 20, 30	총 15초 소요
2번째 쥐를 잡았을 때	35, 36, 37, 37, 47	총 32초 소요
3번째 쥐를 잡았을 때	71, 72, 72, 82	총 67초 소요
4번째 쥐를 잡았을 때	143, 143, 153	총 138초 소요
5번째 쥐를 잡았을 때	286, 296	총 281초 소요
6번째 쥐를 잡았을 때	582	총 567초 소요
7번째 쥐를 잡았을 때	−	총 1,149초 소요

40 정답 801초

1번째 쥐를 잡았을 때	13, 12, 11, 12, 16, 17	총 8초 소요
2번째 쥐를 잡았을 때	25, 24, 25, 29, 30	총 21초 소요
3번째 쥐를 잡았을 때	49, 50, 54, 55	총 46초 소요
4번째 쥐를 잡았을 때	99, 103, 104	총 95초 소요
5번째 쥐를 잡았을 때	202, 203	총 194초 소요
6번째 쥐를 잡았을 때	405	총 396초 소요
7번째 쥐를 잡았을 때	−	총 801초 소요

예제풀이

A	→	→	함정	→	B
출발	15	15	15+30=45	15	도착
100	85	70	25	10	10

41 정답 30

A	→	함정	→	함정	→	B
출발	20	20+40=60	20	20+80=100	20	도착
250	230	170	150	50	30	30

42 정답 0

A	함정	→	함정	→	→	B
출발	25+75=100	25	25+250=275	25	25	도착
400	300	275	0			

43 정답 45

A	→	함정	→	→	→	함정	→	B
출발	10	10+20=30	10	10	10	10+15=25	10	도착
150	140	110	100	90	80	55	45	45

44 정답 160

A	함정	함정	함정	함정	함정	B
출발	50+30=80	50+40=90	50+50=100	50+40=90	50+30=80	도착
600	520	430	330	240	160	160

45 정답 0

A	→	...	→	B
출발		1,000<18×66		도착

현재 자원의 양보다 B마을에 도착하기까지 소모되는 자원의 양이 많다.
따라서 0이 출력된다.

예제풀이

LULURLD → LUL

$0 \to 1(L) \to 1(U) \to 2(L)$

풀이 꿀팁

RL, UD는 이동 변화가 없다. 배열에서 R과 L을, U와 D를 각각 짝지어 소거하고 남는 배열만 계산하면 빠르게 풀이할 수 있다.

46   정답   1

RULDDRURULD → R

$0 \to 1(R)$

47   정답   3

RRULDD → RD

$0 \to 1(R) \to 1(D)$

$1 \times 3 = 3$

48   정답   0

DRURULULDLDR

49   정답   20

URRDDDLLLLUUUURRRRDDDDLLLL → DDLL

$0 \to 1(D) \to 2(D) \to 2(L) \to 2(L)$

$2 \times 10 = 20$

50   정답   200

RUDLRLUDRLUDLRURULDLRULDRU → UU

$0 \to 1(U) \to 2(U)$

$2 \times 100 = 200$

[1~5]

예제풀이

$17=(7\times2)+(3\times1)$이다. 따라서 최소 $2+1=3$포대가 필요하다.

01 정답 5포대

$31=(7\times4)+(3\times1)$이다. 따라서 최소 $4+1=5$포대가 필요하다.

02 정답 3포대

$13=(7\times1)+(3\times2)$이다. 따라서 최소 $1+2=3$포대가 필요하다.

03 정답 4포대

$24=(7\times3)+(3\times1)$이다. 따라서 최소 $3+1=4$포대가 필요하다.

04 정답 8포대

$36=(7\times3)+(3\times5)$이다. 따라서 최소 $3+5=8$포대가 필요하다.

05 정답 7포대

$41=(7\times5)+(3\times2)$이다. 따라서 최소 $5+2=7$포대가 필요하다.

[6~10]

예제풀이

$314=(8\times38)+(5\times2)$이다. 따라서 최소 $38+2=40$묶음이 필요하다.

06 정답 52묶음

$413=(8\times51)+(5\times1)$이다. 따라서 최소 $51+1=52$묶음이 필요하다.

07 정답 79묶음

$626=(8\times77)+(5\times2)$이다. 따라서 최소 $77+2=79$묶음이 필요하다.

08 정답 92묶음

$715=(8\times85)+(5\times7)$이다. 따라서 최소 $85+7=92$묶음이 필요하다.

09 정답 104묶음

$820=(8\times100)+(5\times4)$이다. 따라서 최소 $100+4=104$묶음이 필요하다.

10 정답 126묶음

$999=(8\times123)+(5\times3)$이다. 따라서 최소 $123+3=126$묶음이 필요하다.

[11~15]

예제풀이

$12,700=(5,000\times2)+(2,000\times1)+(700\times1)$이다. 따라서 최소 $2+1+1=4$개를 고를 수 있다.

11 정답 4개

$9,700=(5,000\times1)+(2,000\times2)+(700\times1)$이다. 따라서 최소 $1+2+1=4$개를 고를 수 있다.

12 정답 4개

$8,400=(5,000\times1)+(2,000\times1)+(700\times2)$이다. 따라서 최소 $1+1+2=4$개를 고를 수 있다.

13 정답 6개

$19,700=(5,000\times3)+(2,000\times2)+(700\times1)$이다. 따라서 최소 $3+2+1=6$개를 고를 수 있다.

14 정답 7개

$27,700=(5,000\times5)+(2,000\times1)+(700\times1)$이다. 따라서 최소 $5+1+1=7$개를 고를 수 있다.

15 정답 14개

$32,600=(5,000\times5)+(2,000\times1)+(700\times8)$이다. 따라서 최소 $5+1+8=14$개를 고를 수 있다.

예제풀이

$50=(4\times12)+(2\times1)$이다. 따라서 최소 $12+1=13$개를 사용한다.

16 정답 18개

$71=(4\times17)+(3\times1)$이다. 따라서 최소 $17+1=18$개를 사용한다.

17 정답 25개

$159=(7\times22)+(2\times2)+(1\times1)$이다. 따라서 최소 $22+2+1=25$개를 사용한다.

18 정답 96개

$1,234=(13\times94)+(8\times1)+(4\times1)$이다. 따라서 최소 $94+1+1=96$개를 사용한다.

19 정답 1,991개

$95,421=(48\times1,987)+(17\times2)+(9\times1)+(2\times1)$이다. 따라서 최소 $1,987+2+1+1=1,991$개를 사용한다.

20 정답 4,203개

$654,831=(156\times4,197)+(68\times1)+(12\times2)+(3\times2)+(1\times1)$이다. 따라서 최소 $4,197+1+2+2+1=4,203$개를 사용한다.

예제풀이

반	A	B	C
원생 수	12	25	42
10인용 테이블	1	1	1
4인용 테이블	1	4	8

따라서 테이블 수의 합은 $(1+1)+(1+4)+(1+8)=16$개이다.

21 정답 9개

반	A	B	C
원생 수	15	18	23
11인용 테이블	1	1	1
5인용 테이블	1	2	3

따라서 테이블 수의 합은 $(1+1)+(1+2)+(1+3)=9$개이다.

22 정답 9개

반	A	B	C
원생 수	13	20	40
15인용 테이블	1	1	1
6인용 테이블	0	1	5

따라서 테이블 수의 합은 $1+(1+1)+(1+5)=9$개이다.

23 정답 6개

반	A	B	C
원생 수	17	19	38
20인용 테이블	1	1	1
8인용 테이블	0	0	3

따라서 테이블 수의 합은 $1+1+(1+3)=6$개이다.

24 정답 11개

반	A	B	C	D
원생 수	13	30	28	42
15인용 테이블	1	1	1	1
9인용 테이블	0	2	2	3

따라서 테이블 수의 합은 $1+(1+2)+(1+2)+(1+3)=11$개이다.

25 정답 18개

반	A	B	C	D	E
원생 수	15	26	35	30	55
18인용 테이블	1	1	1	1	1
7인용 테이블	0	2	3	2	6

따라서 테이블 수의 합은 $1+(1+2)+(1+3)+(1+2)+(1+6)=18$개이다.

[26~30]

예제풀이

$4+3+2=9$이므로, 1개씩 사용하고 남은 벽의 크기는 $15-9=6$이다.
빨간색 1개, 파란색 1개 또는 초록색 2개를 사용하면 6이 채워진다.
따라서 벽을 빈틈없이 칠하기 위해 필요한 페인트 통 개수의 최솟값은 $2+1+2=1+3+1=5$개이다.

26 정답 4개

$1+2+3=6$이므로, 1개씩 사용하고 남은 벽의 크기는 $9-6=3$이다.
파란색 1개를 사용하면 3이 채워진다.
따라서 벽을 빈틈없이 칠하기 위해 필요한 페인트 통 개수의 최솟값은 $1+1+2=4$개이다.

27 정답 6개

5+1+2=8이므로, 1개씩 사용하고 남은 벽의 크기는 20-8=12이다.
빨간색 2개, 파란색 1개를 사용하면 12가 채워진다.
따라서 벽을 빈틈없이 칠하기 위해 필요한 페인트 통 개수의 최솟값은 3+1+2=6개이다.

28 정답 7개

4+3+2=9이므로, 1개씩 사용하고 남은 벽의 크기는 25-9=16이다.
빨간색 4개를 사용하면 16이 채워진다.
따라서 벽을 빈틈없이 칠하기 위해 필요한 페인트 통 개수의 최솟값은 5+1+1=7개이다.

29 정답 9개

6+3+2=11이므로, 1개씩 사용하고 남은 벽의 크기는 40-11=29이다.
빨간색 4개, 초록색 1개, 파란색 1개를 사용하면 29가 채워진다.
따라서 벽을 빈틈없이 칠하기 위해 필요한 페인트 통 개수의 최솟값은 5+2+2=9개이다.

30 정답 12개

5+3+1=9이므로, 1개씩 사용하고 남은 벽의 크기는 50-9=41이다.
빨간색 8개, 파란색 1개 또는 빨간색 7개, 초록색 2개를 사용하면 41이 채워진다.
따라서 벽을 빈틈없이 칠하기 위해 필요한 페인트 통 개수의 최솟값은 9+1+2=8+3+1=12개이다.

[31~35]

예제풀이

5+4+3+2=14이므로, 1개씩 사용하고 남은 바닥의 크기는 16-14=2이다.
하늘색 1개를 사용하면 2가 채워진다.
따라서 바닥을 빈틈없이 칠하기 위해 필요한 페인트 통 개수의 최솟값은 1+1+1+2=5개이다.

31 정답 7개

1+4+3+2=10이므로, 1개씩 사용하고 남은 바닥의 크기는 20-10=10이다.
보라색 2개, 하늘색 1개 또는 보라색 1개, 주황색 2개를 사용하면 10이 채워진다.
따라서 바닥을 빈틈없이 칠하기 위해 필요한 페인트 통 개수의 최솟값은 1+3+1+2=1+2+3+1=7개이다.

32 정답 7개

5+4+1+2=12이므로, 1개씩 사용하고 남은 바닥의 크기는 25-12=13이다.
노란색 1개, 보라색 2개를 사용하면 13이 채워진다.
따라서 바닥을 빈틈없이 칠하기 위해 필요한 페인트 통 개수의 최솟값은 2+3+1+1=7개이다.

33 정답 7개

$6+1+3+2=12$이므로, 1개씩 사용하고 남은 바닥의 크기는 $30-12=18$이다.
노란색 3개를 사용하면 18이 채워진다.
따라서 바닥을 빈틈없이 칠하기 위해 필요한 페인트 통 개수의 최솟값은 $4+1+1+1=7$개이다.

34 정답 8개

$5+4+6+2=17$이므로, 1개씩 사용하고 남은 바닥의 크기는 $40-17=23$이다.
노란색 1개, 주황색 3개를 사용하면 23이 채워진다.
따라서 바닥을 빈틈없이 칠하기 위해 필요한 페인트 통 개수의 최솟값은 $2+1+4+1=8$개이다.

35 정답 17개

$7+4+1+2=14$이므로, 1개씩 사용하고 남은 바닥의 크기는 $100-14=86$이다.
노란색 12개, 하늘색 1개를 사용하면 86이 채워진다.
따라서 바닥을 빈틈없이 칠하기 위해 필요한 페인트 통 개수의 최솟값은 $13+1+1+2=17$개이다.

[36~40]

예제풀이
$2+3=5$, $50=5\times10$이므로, 구슬 2개와 3개를 한 번에 담을 주머니 10개가 필요하다.
따라서 주머니는 최소 10개가 필요하다.

36 정답 10개

$7+4=11$, $82=(11\times6)+(4\times4)$이므로, 구슬 7개와 4개를 한 번에 담을 주머니 6개와 남은 구슬 16개를 4개씩 나누어 담을 주머니 4개가 필요하다.
따라서 주머니는 최소 $6+4=10$개가 필요하다.

37 정답 7개

$14+10=24$, $126=(24\times4)+(10\times3)$이므로, 구슬 14개와 10개를 한 번에 담을 주머니 4개와 남은 구슬 30개를 10개씩 나누어 담을 주머니 3개가 필요하다.
따라서 주머니는 최소 $4+3=7$개가 필요하다.

38 정답 8개

$11+13+17=41$, $276=(41\times6)+(13\times1)+(17\times1)$이므로, 구슬 11개, 13개, 17개를 한 번에 담을 주머니 6개와 남은 구슬 30개를 13개씩 담을 주머니 1개, 17개씩 담을 주머니 1개가 필요하다.
따라서 주머니는 최소 $6+1+1=8$개가 필요하다.

39 정답 13개

$20+21+22=63$, $735=(63\times11)+(21\times2)$이므로, 구슬 20개, 21개, 22개를 한 번에 담을 주머니 11개와 남은 구슬 42개를 21개씩 나누어 담을 주머니 2개가 필요하다.
따라서 주머니는 최소 $11+2=13$개가 필요하다.

40 정답 68개

3+5+7+10=25, 1,636=(25×65)+(5×1)+(3×2)이므로, 구슬 3개, 5개, 7개, 10개를 한 번에 담을 주머니 65개와 남은 구슬 11개를 5개씩 담을 주머니 1개, 3개씩 나누어 담을 주머니 2개가 필요하다.

따라서 주머니는 최소 65+1+2=68개가 필요하다.

[41~45]

예제풀이

간선의 길이를 오름차순으로 정리하고, 각 간선이 순환 구조를 이루지 않도록 고르면 다음과 같다.

간선	E-F	B-E	B-C	A-B	C-F	D-E
길이(km)	2	3	4	5	5	7

따라서 건설해야 할 도로 길이의 합의 최솟값은 2+3+4+5+7=21km이다.

41 정답 31km

간선	B-D	A-B	B-F	B-C	F-G	E-F	C-G
길이(km)	3	4	5	6	6	7	9

따라서 건설해야 할 도로 길이의 합의 최솟값은 3+4+5+6+6+7=31km이다.

42 정답 34km

간선	C-D	D-E	A-B	E-G	A-E	C-G	E-F	G-H	F-H
길이(km)	1	2	5	5	6	7	7	8	10

따라서 건설해야 할 도로 길이의 합의 최솟값은 1+2+5+5+6+7+8=34km이다.

43 정답 30km

간선	C-D	D-E	E-F	E-H	A-B	F-H	A-E	C-H
길이(km)	2	3	5	5	6	8	9	10

따라서 건설해야 할 도로 길이의 합의 최솟값은 2+3+5+5+6+9=30km이다.

44 정답 24km

간선	C-D	A-D	A-B	B-F	D-H	D-F	F-H	C-H
길이(km)	2	4	5	6	7	9	9	14

따라서 건설해야 할 도로 길이의 합의 최솟값은 2+4+5+6+7=24km이다.

45 정답 26km

간선	B-D	D-H	A-C	A-B	B-F	F-H	B-C	C-H
길이(km)	3	4	5	6	8	9	12	15

따라서 건설해야 할 도로 길이의 합의 최솟값은 3+4+5+6+8=26km이다.

예제풀이

간선의 길이를 오름차순으로 정리하고, 각 간선이 순환 구조를 이루지 않도록 고르면 다음과 같다.

간선	E - F	D - E	B - E	C - F	A - B	B - C
길이(km)	1	2	3	4	5	7

따라서 건설해야 할 도로 길이의 합의 최솟값은 1+2+3+4+5=15km이다.

46 정답 21km

간선	D - E	E - F	B - E	A - B	B - C	A - D
길이(km)	2	3	4	5	7	8

따라서 건설해야 할 도로 길이의 합의 최솟값은 2+3+4+5+7=21km이다.

47 정답 21km

간선	B - D	E - F	B - F	A - B	F - G	B - C	C - G
길이(km)	1	2	3	4	5	6	7

따라서 건설해야 할 도로 길이의 합의 최솟값은 1+2+3+4+5+6=21km이다.

48 정답 22km

간선	D - H	B - D	A - B	A - C	F - H	B - C	D - F	B - F	C - D
길이(km)	1	4	5	5	7	8	8	9	12

따라서 건설해야 할 도로 길이의 합의 최솟값은 1+4+5+5+7=22km이다.

49 정답 23km

간선	C - D	E - F	A - D	B - E	A - B	D - E	D - H	C - H	E - H	F - H
길이(km)	1	2	3	3	5	5	9	10	10	11

따라서 건설해야 할 도로 길이의 합의 최솟값은 1+2+3+3+5+9=23km이다.

50 정답 24km

간선	C - D	B - F	A - B	A - D	A - G	F - H	D - F	A - C	D - G	F - G	C - H
길이(km)	2	3	4	5	5	5	6	7	7	8	10

따라서 건설해야 할 도로 길이의 합의 최솟값은 2+3+4+5+5+5=24km이다.

예제풀이

- A → B → F : 14km
- A → E → F : 17km
- A → B → C → F : 10km
- A → D → E → F : 18km

따라서 출발 지점에서 도착 지점까지 가장 빨리 도착할 수 있는 경로의 길이는 10km이다.

51 정답 11km

- B → F → E : 15km
- B → A → E : 16km
- B → C → F → E : 11km
- B → A → D → E : 17km

따라서 출발 지점에서 도착 지점까지 가장 빨리 도착할 수 있는 경로의 길이는 11km이다.

52 정답 7km

- C → B → A : 7km
- C → F → E → A : 20km
- C → F → B → A : 17km
- C → F → E → D → A : 21km

따라서 출발 지점에서 도착 지점까지 가장 빨리 도착할 수 있는 경로의 길이는 7km이다.

53 정답 13km

- C → F → E → D : 15km
- C → F → B → A → D : 23km
- C → B → A → D : 13km
- C → B → F → E → D : 25km
- C → F → E → A → D : 26km
- C → F → B → A → E → D : 36km
- C → B → A → E → D : 26km
- C → B → F → E → A → D : 36km

따라서 출발 지점에서 도착 지점까지 가장 빨리 도착할 수 있는 경로의 길이는 13km이다.

54 정답 12km

- D → E → F : 12km
- D → E → A → B → C → F : 29km
- D → A → B → F : 20km
- D → E → A → B → F : 33km
- D → A → E → F : 23km
- D → A → B → C → F : 16km

따라서 출발 지점에서 도착 지점까지 가장 빨리 도착할 수 있는 경로의 길이는 12km이다.

55 정답 8km

- E → F → C : 8km
- E → A → B → C : 19km
- E → D → A → B → C : 20km
- E → F → B → C : 18km
- E → A → B → F → C : 29km
- E → D → A → B → F → C : 30km

따라서 출발 지점에서 도착 지점까지 가장 빨리 도착할 수 있는 경로의 길이는 8km이다.

[56~60]

예제풀이
- 집 → A → B → 회사 : 9km
- 집 → D → 회사 : 13km
- 집 → A → 회사 : 13km
- 집 → C → D → 회사 : 15km

따라서 집에서 회사까지 가장 빨리 도착할 수 있는 경로의 길이는 9km이다.

56 정답 12km
- 집 → A → B → 회사 : 14km
- 집 → D → 회사 : 12km
- 집 → A → 회사 : 17km
- 집 → C → D → 회사 : 19km

따라서 집에서 회사까지 가장 빨리 도착할 수 있는 경로의 길이는 12km이다.

57 정답 13km
- 집 → A → B → 회사 : 16km
- 집 → D → 회사 : 13km
- 집 → A → 회사 : 13km
- 집 → C → D → 회사 : 16km

따라서 집에서 회사까지 가장 빨리 도착할 수 있는 경로의 길이는 13km이다.

58 정답 14km
- 집 → A → B → 회사 : 14km
- 집 → D → 회사 : 14km
- 집 → A → 회사 : 17km
- 집 → C → D → 회사 : 19km

따라서 집에서 회사까지 가장 빨리 도착할 수 있는 경로의 길이는 14km이다.

59 정답 11km
- 집 → A → B → 회사 : 15km
- 집 → D → 회사 : 12km
- 집 → A → 회사 : 19km
- 집 → C → D → 회사 : 11km

따라서 집에서 회사까지 가장 빨리 도착할 수 있는 경로의 길이는 11km이다.

60 정답 13km
- 집 → A → B → 회사 : 14km
- 집 → D → 회사 : 15km
- 집 → A → 회사 : 13km
- 집 → C → D → 회사 : 20km

따라서 집에서 회사까지 가장 빨리 도착할 수 있는 경로의 길이는 13km이다.

[61~65]

예제풀이
- A → B → C : 3
- A → B → D → F → C : 7
- A → D → C : −1
- A → D → F → C : 14
- A → E → D → C : −8
- A → E → F → C : 19
- A → E → F → D → B → C : 31
- A → B → D → C : −8
- A → B → D → E → F → C : 7
- A → D → B → C : 14
- A → D → E → F → C : 14
- A → E → D → B → C : 7
- A → E → F → D → C : 16

따라서 시작 지점부터 목표 지점까지 얻게 되는 최소 점수는 −8이다.

61 정답 −5

- A → B : −5
- A → D → B : 6
- A → D → C → B : 7
- A → D → F → C → B : 22
- A → D → E → F → C → B : 22
- A → E → D → B : −1
- A → E → D → C → B : 0
- A → E → D → F → C → B : 15
- A → E → F → D → B : 23
- A → E → F → C → B : 27
- A → E → F → D → C → B : 24

따라서 시작 지점부터 목표 지점까지 얻게 되는 최소 점수는 −5이다.

62 정답 −3

- A → D : 4
- A → B → D : −3
- A → B → C → D : −2
- A → B → C → F → D : 13
- A → B → C → F → E → D : 13
- A → E → D : −3
- A → E → F → D : 21
- A → E → F → C → D : 14
- A → E → F → C → B → D : 29

따라서 시작 지점부터 목표 지점까지 얻게 되는 최소 점수는 −3이다.

63 정답 −13

- B → C : 8
- B → D → C : −3
- B → D → F → C : 12
- B → D → E → F → C : 12
- B → D → A → E → F → C : 25
- B → A → D → C : −6
- B → A → E → D → C : −13
- B → A → E → F → C : 14
- B → A → E → D → F → C : 2

따라서 시작 지점부터 목표 지점까지 얻게 되는 최소 점수는 −13이다.

64 정답 −9

- E → A : 3
- E → D → A : −2
- E → D → B → A : −9
- E → D → C → B → A : −8
- E → F → C → B → A : 19
- E → F → C → D → A : 15
- E → F → D → A : 22
- E → F → D → B → A : 15
- E → F → D → C → B → A : 16

따라서 시작 지점부터 목표 지점까지 얻게 되는 최소 점수는 −9이다.

65 정답 −9

- F → C → B : 12
- F → C → D → B : 1
- F → C → D → A → B : −2
- F → C → D → E → A → B : −9
- F → D → B : 8
- F → D → C → B : 9
- F → D → A → B : 5
- F → D → E → A → B : −2
- F → E → A → B : 10
- F → E → D → B : 8
- F → E → D → C → B : 9
- F → E → D → A → B : 5

따라서 시작 지점부터 목표 지점까지 얻게 되는 최소 점수는 −9이다.

예제풀이

전체 손님 수의 평균에서 소수점을 버림하면 2이므로 케이블카의 수용인원은 2명이다.
따라서 각 배열은 1, 2, 2, 1대로 나누어 탑승할 수 있으므로 케이블카는 총 1+2+2+1=6대 필요하다.

66 　정답　 6대

전체 손님 수의 평균에서 소수점을 버림하면 3이므로 케이블카의 수용인원은 3명이다.
따라서 각 배열은 1, 2, 2, 1대로 나누어 탑승할 수 있으므로 케이블카는 총 1+2+2+1=6대 필요하다.

67 　정답　 8대

전체 손님 수의 평균은 4이므로 케이블카의 수용인원은 4명이다.
따라서 각 배열은 1, 1, 1, 1, 2, 2대로 나누어 탑승할 수 있으므로 케이블카는 총 1+1+1+1+2+2=8대 필요하다.

68 　정답　 10대

전체 손님 수의 평균에서 소수점을 버림하면 3이므로 케이블카의 수용인원은 3명이다.
따라서 각 배열은 2, 1, 2, 1, 2, 2대로 나누어 탑승할 수 있으므로 케이블카는 총 2+1+2+1+2+2=10대 필요하다.

69 　정답　 12대

전체 손님 수의 평균에서 소수점을 버림하면 4이므로 케이블카의 수용인원은 4명이다.
따라서 1, 2, 1, 2, 2, 2, 1, 1대로 나누어 탑승할 수 있으므로 케이블카는 총 1+2+1+2+2+2+1+1=12대 필요하다.

70 　정답　 16대

전체 손님 수의 평균에서 소수점을 버림하면 6이므로 케이블카의 수용인원은 6명이다.
따라서 1, 2, 2, 2, 1, 2, 2, 1, 1, 2대로 나누어 탑승할 수 있으므로 케이블카는 총 1+2+2+2+1+2+2+1+1+2=16대 필요하다.

[71~75]

예제풀이

전체 손님 수의 평균은 3이므로 택시의 수용인원은 3명이고, 각 배열은 1, 2, 1, 1대로 나누어 탑승할 수 있다.
따라서 3대를 보내고 남은 인원의 배열은 3, 2이므로 3+2=5명이다.

71 　정답　 4명

전체 손님 수의 평균에서 소수점을 버림하면 3이므로 택시의 수용인원은 3명이고, 각 배열은 1, 2, 1, 2대로 나누어 탑승할 수 있다.
따라서 4대를 보내고 남은 인원은 4명이다.

72 정답 15명

전체 손님 수의 평균에서 소수점을 버림하면 5이므로 택시의 수용인원은 5명이고, 각 배열은 2, 1, 2, 1대로 나누어 탑승할 수 있다.
따라서 2대를 보내고 남은 인원의 배열은 3, 7, 5이므로 3+7+5=15명이다.

73 정답 11명

전체 손님 수의 평균은 4이므로 택시의 수용인원은 4명이고, 각 배열은 1, 2, 2, 1, 1대로 나누어 탑승할 수 있다.
따라서 3대를 보내고 남은 인원의 배열은 6, 3, 2이므로 6+3+2=11명이다.

74 정답 13명

전체 손님 수의 평균에서 소수점을 버림하면 3이므로 택시의 수용인원은 3명이고, 각 배열은 2, 1, 1, 2, 2대로 나누어 탑승할 수 있다.
따라서 3대를 보내고 남은 인원의 배열은 3, 4, 6이므로 3+4+6=13명이다.

75 정답 10명

전체 손님 수의 평균에서 소수점을 버림하면 3이므로 택시의 수용인원은 3명이고, 각 배열은 1, 1, 2, 1, 1, 3대로 나누어 탑승할 수 있다.
따라서 5대를 보내고 남은 인원의 배열은 3, 7이므로 3+7=10명이다.

[76~80]

예제풀이

먼저 잡을 수 있는 물체를 찾고, 자석의 높이와 같은 물체가 있는지 보며 방향을 잡는다.
맨 오른쪽에서 시작해서 2를 잡고 그다음 자석의 높이는 2가 되어 1을 잡는다.

풀이 꿀팁

물건의 높이가 자석의 높이와 같거나 높은 경우가 아닌 이상 움직임의 횟수에 대한 제한이 없기 때문에 자석과 물건의 높이 차가 1이 되는 상황을 최대한 만드는 것이 관건이다.

76 정답 4개

맨 왼쪽에서 시작하여 그대로 오른쪽으로 이동하면 모든 물건을 잡을 수 있다.

77 정답 4개

맨 오른쪽에서 시작하여 4를 잡고 맨 왼쪽까지 이동하여 3을 잡은 후 다시 오른쪽으로 이동하면 모든 물건을 잡을 수 있다.

78 정답 3개

맨 왼쪽에서 시작해서 5, 4를 잡고 자석의 높이가 물건의 높이와 같아져 더 이상 오른쪽으로 나아갈 수 없으므로 다시 왼쪽으로 이동하여 3을 잡는다.

79 정답 0개

6 양옆의 7 때문에 6을 잡을 수 없으므로 어떠한 물건도 잡을 수 없다.

80 정답 7개

맨 오른쪽에서 시작하여 7을 잡고 오른쪽, 왼쪽으로 번갈아 움직이며 나머지 6, 5, 4, 3, 2, 1을 잡을 수 있다.

[81~85]

예제풀이

오름차순으로 정렬이 되어 있다면 총알의 수치보다 작도록 강판 수치의 합을 구해 해당되는 강판의 개수를 세면 된다.
총알의 수치는 수치가 2인 강판을 뚫고 3이 되므로 수치가 4와 5인 강판을 뚫을 수 없다.

풀이 꿀팁

최대한 작은 수치의 강판을 여러 개 쏘는 것이 중요하지만, 강판을 옮기는 횟수는 최소한으로 하는 방법을 찾는다.

81 정답 2개

수치가 3, 3인 강판을 뚫을 수 있다.

82 정답 2개

수치가 6, 5인 강판을 맨 뒤로 옮기면 수치가 4, 3, 2, 1인 4개의 강판을 뚫을 수 있으며, 옮긴 강판의 수를 제외하면 최대 2개의
강판을 뚫을 수 있게 된다.

83 정답 4개

수치가 9, 7, 8인 강판을 맨 뒤로 옮기면 수치가 1, 1, 2, 1, 2, 3, 5인 7개의 강판을 뚫을 수 있으며, 옮긴 강판의 수를 제외하면
최대 4개의 강판을 뚫을 수 있게 된다.

84 정답 6개

강판을 옮기지 않고 수치가 1, 4, 3, 5, 1, 6인 강판까지 뚫을 수 있다.

85 정답 1개

강판을 옮길 수 있으나 뚫은 총 강판의 수에서 옮긴 강판의 수를 제외해야 하므로 수치가 50인 강판을 뚫어야 한다.

예제풀이

바구니에 무게 2까지 넣을 수 있으므로 무게가 2인 택배 상자만 옮길 수 있다.

풀이 **꿀팁**

최대한 많은 짐을 담아야 하므로, 가장 작은 수부터 바구니의 수치를 넘지 않는 큰 수와 조합하며 바구니를 채우면 된다.
바구니에 들어갈 조합은 다를 수 있지만, 최소한의 움직임은 같을 수 있다.

86   **정답** 2번

최대한 많은 짐을 최소한의 움직임으로 옮겨야 하므로, 3이 적혀있는 바구니에 무게가 1과 2인 택배 상자를 한 번에 넣어 옮기고,
무게가 3인 택배 상자를 넣어 옮길 수 있다.

87   **정답** 3번

9가 적혀있는 바구니에 무게가 1과 7인 택배 상자를 한 번에 넣어 옮기고 무게가 5와 9인 택배 상자를 한 번씩 넣어 옮기거나,
무게가 1과 5인 택배 상자를 한 번에 넣어 옮기고 무게가 7과 9인 택배 상자를 한 번씩 넣어 옮길 수 있다.

88   **정답** 2번

200이 적혀있는 바구니에 무게가 1, 90, 109인 택배 상자를 한 번에 넣어 옮기고 무게가 6, 78, 99인 택배 상자를 한 번에 넣어
옮기거나, 무게가 1, 6, 78, 109인 택배 상자를 한 번에 넣어 옮기고 무게가 90, 99인 택배 상자를 한 번에 넣어 옮길 수 있다.

89   **정답** 4번

91이 적혀있는 바구니에 무게가 40, 48인 택배 상자, 무게가 41, 47인 택배 상자, 무게가 42, 46인 택배 상자, 무게가 43, 45인
택배 상자를 각각 한 번에 넣어 옮길 수 있다.

90   **정답** 4번

41이 적혀있는 바구니에 무게가 18, 19, 4인 택배 상자를 한 번에 넣어 옮기고, 무게가 14, 27인 택배 상자, 무게가 26, 15인
택배 상자를 각각 한 번에 넣어 옮기며, 무게가 17인 택배 상자를 넣어 옮길 수 있다.

예제풀이

처음 눈덩이의 수치가 2이므로 눈덩이를 굴리기 위해 수치가 3인 눈덩이와 수치가 5인 눈덩이를 차례대로 움직여 '2 4 6'으로
바꾸면 눈덩이를 모두 합칠 수 있다.

91   **정답** 1 2 3 4

배열의 변경 없이 모든 눈덩이를 합칠 수 있다.

92 정답 3 7 8 5

처음 눈덩이의 수치가 3이므로 눈덩이를 굴리기 위해 수치가 4인 눈덩이를 움직여 '3 7 8 5'로 바꾼 후 눈덩이를 굴리면 배열의 1번째 눈덩이와 합쳐진 수치가 6이어서 수치가 7인 눈덩이와 합쳐질 수 없으므로 눈덩이를 더 이상 굴릴 수 없다.

93 정답 1 5 4 4 8

처음 눈덩이의 수치가 2이므로 눈덩이를 굴리기 위해 수치가 3인 눈덩이와 수치가 7인 눈덩이를 차례대로 움직여 '1 5 4 4 8'로 바꾼 후 눈덩이를 굴리면 배열의 1번째 눈덩이와 합쳐진 수치가 3이어서 수치가 5인 눈덩이와 합쳐질 수 없으므로 눈덩이를 더 이상 굴릴 수 없다.

94 정답 2 3 7 14 6

처음 눈덩이의 수치가 3이므로 눈덩이를 굴리기 위해 수치가 13인 눈덩이와 수치가 5인 눈덩이를 차례대로 움직여 '2 3 7 14 6'으로 바꾸면 눈덩이를 모두 합칠 수 있다.

95 정답 4 3 2 1 9 8 7 6

처음 눈덩이의 수치가 4이므로 눈덩이를 굴리기 위해 수치가 8, 7, 6, 5인 눈덩이를 차례대로 움직여 '4 3 2 1 9 8 7 6'으로 바꾸면 눈덩이를 모두 합칠 수 있다.

[96~100]

예제풀이

출발	1	1	1	1	2
0	1	1	1	1	2
0	1	1	2	2	2
0	1	2	2	2	2
0	1	2	2	2	도착

따라서 수집할 수 있는 동전의 최대 개수는 2개이다.

96 정답 3개

출발	0	0	1	1	1
0	0	0	1	1	1
0	0	0	2	2	2
0	0	1	2	3	3
0	0	1	2	3	도착

따라서 수집할 수 있는 동전의 최대 개수는 3개이다.

97 정답 2개

출발	0	0	0	1	1
0	1	1	1	1	1
0	1	1	1	1	2
0	1	1	1	1	2
0	1	1	1	2	도착

따라서 수집할 수 있는 동전의 최대 개수는 2개이다.

98 정답 3개

출발	0	0	1	1	2
0	0	0	1	1	2
0	0	0	1	1	3
0	0	1	1	2	3
0	0	2	2	2	도착

따라서 수집할 수 있는 동전의 최대 개수는 3개이다.

99 정답 3개

출발	0	0	1	1	1
0	0	0	1	2	3
0	0	1	1	2	3
0	0	1	2	2	3
0	0	1	2	2	도착

따라서 수집할 수 있는 동전의 최대 개수는 3개이다.

100 정답 3개

출발	0	1	1	1	2
0	0	1	1	1	2
0	0	1	2	2	3
0	0	1	2	3	3
0	1	1	2	3	도착

따라서 수집할 수 있는 동전의 최대 개수는 3개이다.

[101~105]

예제풀이

출발	0	0	0	10	10
0	0	20	20	70	70
0	0	20	20	70	70
10	10	50	50	70	90
10	10	50	70	70	도착

따라서 얻을 수 있는 광물의 가치의 최댓값은 90이다.

101 정답 90

출발	0	0	30	30	30
0	50	50	70	70	70
0	50	50	70	70	70
0	50	50	80	80	90
0	50	50	80	80	도착

따라서 얻을 수 있는 광물의 가치의 최댓값은 90이다.

102 정답 60

출발	0	0	20	20	60
0	0	0	20	30	60
0	0	30	30	30	60
0	50	50	50	50	60
0	50	50	50	60	도착

따라서 얻을 수 있는 광물의 가치의 최댓값은 60이다.

103 정답 70

출발	0	0	30	30	70
0	0	0	30	40	70
0	0	30	30	40	70
0	50	50	50	50	70
0	50	50	50	60	도착

따라서 얻을 수 있는 광물의 가치의 최댓값은 70이다.

104 정답 80

출발	0	0	40	40	70
0	0	0	40	60	70
0	0	50	50	60	70
0	30	50	50	60	70
0	30	50	50	80	도착

따라서 얻을 수 있는 광물의 가치의 최댓값은 80이다.

105 정답 90

출발	10	10	30	30	70
0	10	40	40	50	70
0	10	40	40	50	70
0	10	40	40	50	70
0	10	40	70	90	도착

따라서 얻을 수 있는 광물의 가치의 최댓값은 90이다.

PART 2

최종점검 모의고사
정답 및 해설

[1~5]

예제풀이

77	80	95	92	88	66	85	정리 전
66	80	95	92	88	77	85	1회
66	77	95	92	88	80	85	2회
66	77	80	92	88	95	85	3회
66	77	80	85	88	95	92	4회
66	77	80	85	88	92	95	5회

01 정답 4회

88	82	90	97	75	80	87	정리 전
75	82	90	97	88	80	87	1회
75	80	90	97	88	82	87	2회
75	80	82	97	88	90	87	3회
75	80	82	87	88	90	97	4회

02 정답 2회

78	82	80	86	95	90	97	정리 전
78	80	82	86	95	90	97	1회
78	80	82	86	90	95	97	2회

03 　정답　 5회

87	62	92	96	100	77	83	정리 전
62	87	92	96	100	77	83	1회
62	77	92	96	100	87	83	2회
62	77	83	96	100	87	92	3회
62	77	83	87	100	96	92	4회
62	77	83	87	92	96	100	5회

04 　정답　 6회

98	88	80	82	76	84	91	정리 전
76	88	80	82	98	84	91	1회
76	80	88	82	98	84	91	2회
76	80	82	88	98	84	91	3회
76	80	82	84	98	88	91	4회
76	80	82	84	88	98	91	5회
76	80	82	84	88	91	98	6회

05 　정답　 3회

70	82	77	96	85	88	97	정리 전
70	77	82	96	85	88	97	1회
70	77	82	85	96	88	97	2회
70	77	82	85	88	96	97	3회

[6~10]

예제풀이

최대한 많은 예약을 배정하기 위해 종료 시각이 빠른 순으로 정렬해야 하며, 종료 시각이 같다면 시작 시각이 빠른 순으로 정렬한다.

예약	E	D	A	C	B
시작 시각	11:00	14:00	15:30	15:00	18:00
종료 시각	12:00	15:00	17:30	20:00	21:30

종료 시각이 가장 빠른 예약 시간대는 E이다. E를 기준으로 배정 가능한 시간대 중에서 종료 시각이 가장 빠른 시간대인 D를 선택한다. 시작 시각이 비슷한 A와 C를 비교할 때, A를 선택하면 B의 예약도 배정할 수 있지만, C를 선택하면 시간이 겹치는 B의 예약은 배정할 수 없다. 따라서 A를 선택하고, 이어서 B를 선택하여 예약을 배정할 수 있다.

예약	E	D	A	B
시작 시각	11:00	14:00	15:30	18:00
종료 시각	12:00	15:00	17:30	21:30

따라서 예약을 가장 많이 배정할 수 있는 순서는 E → D → A → B이다.

06 정답 A → B → D → E

종료 시각이 빠른 순서대로 되어 있다.

예약	A	B	C	D	E
시작 시각	09:00	11:00	10:00	15:00	17:00
종료 시각	10:30	15:00	15:30	16:00	18:00

예약	A	B	D	E
시작 시각	09:00	11:00	15:00	17:00
종료 시각	10:30	15:00	16:00	18:00

따라서 예약을 가장 많이 배정할 수 있는 순서는 A → B → D → E이다.

07 정답 B → C → D

종료 시각이 빠른 순서대로 정렬하면 다음과 같다.

예약	B	A	C	E	D
시작 시각	09:30	09:00	12:30	12:00	15:00
종료 시각	12:30	13:30	15:00	17:00	17:00

예약	B	C	D
시작 시각	09:30	12:30	15:00
종료 시각	12:30	15:00	17:00

따라서 예약을 가장 많이 배정할 수 있는 순서는 B → C → D이다.

08 정답 B → C → E

종료 시각이 빠른 순서대로 정렬하면 다음과 같다.

예약	B	A	C	D	E
시작 시각	08:00	08:00	13:00	13:00	16:00
종료 시각	12:30	15:00	15:00	16:30	18:00

예약	B	C	E
시작 시각	08:00	13:00	16:00
종료 시각	12:30	15:00	18:00

따라서 예약을 가장 많이 배정할 수 있는 순서는 B → C → E이다.

09 정답 E → C → D

종료 시각이 빠른 순서대로 정렬하면 다음과 같다.

예약	E	C	A	D	B
시작 시각	08:00	13:00	09:00	15:00	12:00
종료 시각	12:00	15:00	15:30	17:00	18:00

예약	E	C	D
시작 시각	08:00	13:00	15:00
종료 시각	12:00	15:00	17:00

따라서 예약을 가장 많이 배정할 수 있는 순서는 E → C → D이다.

10 정답 A → B → E → D

종료 시각이 빠른 순서대로 정렬하면 다음과 같다.

예약	A	B	E	C	D
시작 시각	09:00	11:30	14:00	12:00	15:00
종료 시각	11:00	12:00	15:00	15:30	18:00

예약	A	B	E	D
시작 시각	09:00	11:30	14:00	15:00
종료 시각	11:00	12:00	15:00	18:00

따라서 예약을 가장 많이 배정할 수 있는 순서는 A → B → E → D이다.

[11~15]

예제풀이

제시된 암호에서 '3'은 'D', '1'은 'B'에 대응한다. 따라서 변환한 코드는 'PoDDBzS'이다.

11 정답 SdAIpvcD

제시된 암호에서 '0'은 'A', '8'은 'I'에 대응한다. 따라서 변환한 코드는 'SdAIpvcD'이다.

12 정답 DuiCfSGcB

제시된 암호에서 '2'는 'C', '6'은 'G', '1'은 'B'에 대응한다. 따라서 변환한 코드는 'DuiCfSGcB'이다.

13 정답 sHVSAdoDJ

제시된 암호에서 '7'은 'H', '9'는 'J'에 대응한다. 따라서 변환한 코드는 'sHVSAdoDJ'이다.

14 정답 JsDDasA

제시된 암호에서 '9'는 'J', '3'은 'D', '0'은 'A'에 대응한다. 따라서 변환한 코드는 'JsDDasA'이다.

15 정답 KEXcjDHsaPE

제시된 암호에서 '4'는 'E', '7'은 'H', '4'는 'E'에 대응한다. 따라서 변환한 코드는 'KEXcjDHsaPE'이다.

[16~20]

예제풀이

1층을 쌓을 때 필요한 블록의 수는 1개, 2층을 쌓을 때 필요한 블록의 수는 $1+2=3$개, 3층을 쌓을 때 필요한 블록의 수는 $3+3=6$개, $\cdots$, a층을 쌓을 때 필요한 블록의 수는 $\displaystyle\sum_{k=1}^{a} k = \dfrac{a(a+1)}{2}$ 이다.

따라서 $\dfrac{a(a+1)}{2} \leq 10$이므로 블록으로 쌓을 수 있는 층은 최대 4층이다.

16 정답 9층

$\dfrac{a(a+1)}{2} \leq 500$이므로 블록으로 쌓을 수 있는 층은 최대 9층이다.

17 정답 15층

$\dfrac{a(a+1)}{2} \leq 128$이므로 블록으로 쌓을 수 있는 층은 최대 15층이다.

18 정답 38층

$\dfrac{a(a+1)}{2} \leq 750$이므로 블록으로 쌓을 수 있는 층은 최대 38층이다.

19 정답 44층

$\dfrac{a(a+1)}{2} \leq 999$이므로 블록으로 쌓을 수 있는 층은 최대 44층이다.

20 정답 63층

$\dfrac{a(a+1)}{2} \leq 2,023$이므로 블록으로 쌓을 수 있는 층은 최대 63층이다.

예제풀이

간선의 길이를 오름차순으로 정리하고, 각 간선이 순환 구조를 이루지 않도록 고르면 다음과 같다.

간선	B-D	A-E	B-C	C-F	D-E	A-B	D-F
길이(km)	2	3	3	4	4	6	6

따라서 건설해야 할 다리 길이의 합의 최솟값은 2+3+3+4+4=16km이다.

21 정답 19km

간선	A-D	E-F	B-C	C-F	A-B	B-F	A-C
길이(km)	3	3	4	4	5	8	10

따라서 건설해야 할 다리 길이의 합의 최솟값은 3+3+4+4+5=19km이다.

22 정답 18km

간선	E-F	A-B	A-D	B-C	B-D	C-F	A-C
길이(km)	2	3	3	4	5	6	9

따라서 건설해야 할 다리 길이의 합의 최솟값은 2+3+3+4+6=18km이다.

23 정답 24km

간선	A-B	A-D	E-F	B-D	B-F	C-F	A-C
길이(km)	3	3	3	4	7	8	9

따라서 건설해야 할 다리 길이의 합의 최솟값은 3+3+3+7+8=24km이다.

24 정답 16km

간선	B-E	A-B	A-D	A-C	B-F	E-F	C-F
길이(km)	2	3	3	4	4	5	7

따라서 건설해야 할 다리 길이의 합의 최솟값은 2+3+3+4+4=16km이다.

25 정답 17km

간선	B-D	A-D	B-E	C-E	A-B	C-F	A-C	E-F
길이(km)	2	3	3	4	5	5	6	9

따라서 건설해야 할 다리 길이의 합의 최솟값은 2+3+3+4+5=17km이다.

PART 2

최종점검 모의고사

[1~5]

예제풀이

제품	A	B	C	D	E	F	G
제조일	2023년 8월 7일	2023년 9월 15일	2023년 10월 26일	2022년 12월 15일	2023년 12월 18일	2023년 1월 14일	2024년 1월 23일

제품	A	B	C		E		G
제조일	2023년 8월 7일	2023년 9월 15일	2023년 10월 26일		2023년 12월 18일		2024년 1월 23일

D와 F를 제거하면 최대한 많은 제품이 남아있게 되므로 제거해야 하는 제품은 2개이다.

01 정답 1개

제품	A	B	C	D	E	F	G
제조일	2023년 2월 13일	2023년 3월 13일	2023년 1월 12일	2023년 4월 23일	2023년 5월 7일	2023년 5월 12일	2023년 5월 30일

제품	A	B		D	E	F	G
제조일	2023년 2월 13일	2023년 3월 13일		2023년 4월 23일	2023년 5월 7일	2023년 5월 12일	2023년 5월 30일

C를 제거하면 최대한 많은 제품이 남아있게 되므로 제거해야 하는 제품은 1개이다.

02 정답 3개

제품	A	B	C	D	E	F	G
제조일	2023년 5월 31일	2023년 4월 17일	2023년 3월 12일	2023년 6월 23일	2023년 7월 20일	2023년 5월 12일	2023년 8월 22일

제품	A			D	E		G
제조일	2023년 5월 31일			2023년 6월 23일	2023년 7월 20일		2023년 8월 22일

제품		B		D	E		G
제조일		2023년 4월 17일		2023년 6월 23일	2023년 7월 20일		2023년 8월 22일

제품			C	D	E		G
제조일			2023년 3월 12일	2023년 6월 23일	2023년 7월 20일		2023년 8월 22일

A, B, C 중 2개를 제거하고 F를 제거하면 최대한 많은 제품이 남아있게 되므로 제거해야 하는 제품은 3개이다.

03 정답 2개

제품	A	B	C	D	E	F	G
제조일	2023년 11월 30일	2023년 11월 15일	2023년 12월 12일	2024년 1월 23일	2024년 1월 5일	2024년 2월 22일	2024년 2월 28일

제품	A		C	D		F	G
제조일	2023년 11월 30일		2023년 12월 12일	2024년 1월 23일		2024년 2월 22일	2024년 2월 28일

제품	A		C		E	F	G
제조일	2023년 11월 30일		2023년 12월 12일		2024년 1월 5일	2024년 2월 22일	2024년 2월 28일

제품		B	C	D		F	G
제조일		2023년 11월 15일	2023년 12월 12일	2024년 1월 23일		2024년 2월 22일	2024년 2월 28일

제품		B	C		E	F	G
제조일		2023년 11월 15일	2023년 12월 12일		2024년 1월 5일	2024년 2월 22일	2024년 2월 28일

A, B 중 1개를 제거하고 D, E 중 1개를 제거하면 최대한 많은 제품이 남아있게 되므로 제거해야 하는 제품은 2개이다.

04 정답 0개

제품	A	B	C	D	E	F	G
제조일	2023년 5월 17일	2023년 6월 3일	2023년 6월 27일	2023년 7월 15일	2023년 7월 19일	2023년 9월 13일	2023년 9월 29일

모든 제품이 왼쪽부터 제조일자가 오래된 순서대로 진열되어 있으므로 제품을 제거하지 않아도 된다.

05 정답 3개

제품	A	B	C	D	E	F	G
제조일	2023년 12월 28일	2024년 1월 13일	2024년 1월 7일	2024년 2월 15일	2024년 2월 1일	2024년 3월 15일	2024년 2월 20일

제품	A	B		D		F	
제조일	2023년 12월 28일	2024년 1월 13일		2024년 2월 15일		2024년 3월 15일	

⋮

제품	A		C		E		G
제조일	2023년 12월 28일		2024년 1월 7일		2024년 2월 1일		2024년 2월 20일

B, C 중 1개, D, E 중 1개, F, G 중 1개를 제거하면 최대한 많은 제품이 남아있게 되므로 제거해야 하는 제품은 3개이다.

예제풀이

원탁에 앉는 경우의 수는 (전체 자리의 수−1)!이다.
3개의 자리에 3명이 앉는 경우의 수는 (3−1)!=2×1=2가지이다.

06 　정답　 6가지

4개의 자리에 4명이 앉는 경우의 수는 (4−1)!=3×2×1=6가지이다.

07 　정답　 24가지

5개의 자리에 5명이 앉는 경우의 수는 (5−1)!=4×3×2×1=24가지이다.

08 　정답　 120가지

6개의 자리에 6명이 앉는 경우의 수는 (6−1)!=5×4×3×2×1=120가지이다.

09 　정답　 5,040가지

8개의 자리에 8명이 앉는 경우의 수는 (8−1)!=7×6×5×4×3×2×1=5,040가지이다.

10 　정답　 362,880가지

10개의 자리에 10명이 앉는 경우의 수는 (10−1)!=9×8×7×6×5×4×3×2×1=362,880가지이다.

예제풀이

너비 우선 탐색(BFS; Breadth First Search)은 시작 노드를 먼저 탐색한 후 시작 노드에 인접한 노드를 탐색하는 방법이다.
1을 먼저 방문한 후 하위 노드인 2, 4, 7을 차례대로 방문한다. 이어서 2의 하위 노드인 5, 6을 차례대로 방문하고, 7의 하위 노드인 3, 8을 차례대로 방문한다.
따라서 방문 순서는 1 → 2 → 4 → 7 → 5 → 6 → 3 → 8이다.

11 　정답　 1 → 2 → 5 → 7 → 6 → 8 → 3 → 4

1을 먼저 방문한 후 하위 노드인 2, 5, 7을 차례대로 방문한다. 그 후에 2의 하위 노드인 6, 5의 하위 노드인 8을 차례대로 방문하고, 7의 하위 노드인 3, 4를 차례대로 방문한다.
따라서 방문 순서는 1 → 2 → 5 → 7 → 6 → 8 → 3 → 4이다.

12 　정답　 1 → 2 → 8 → 3 → 6 → 4 → 5 → 7

1을 먼저 방문한 후 하위 노드인 2, 8을 차례대로 방문한다. 그 후에 2의 하위 노드인 3, 6을 차례대로 방문하고, 8의 하위 노드인 4, 5, 7을 차례대로 방문한다.
따라서 방문 순서는 1 → 2 → 8 → 3 → 6 → 4 → 5 → 7이다.

13 정답 $1 \to 2 \to 8 \to 4 \to 3 \to 6 \to 7 \to 5$

1을 먼저 방문한 후 하위 노드인 2, 8을 차례대로 방문한다. 그 후에 2의 하위 노드인 4, 8의 하위 노드인 3, 6, 7을 차례대로 방문한 후 3의 하위 노드인 5를 방문한다.
따라서 방문 순서는 $1 \to 2 \to 8 \to 4 \to 3 \to 6 \to 7 \to 5$이다.

14 정답 $1 \to 2 \to 4 \to 8 \to 5 \to 6 \to 7 \to 3$

1을 먼저 방문한 후 하위 노드인 2, 4, 8을 차례대로 방문한다. 그 후에 2의 하위 노드인 5, 6을 차례대로 방문하고, 4의 하위 노드인 7, 7의 하위 노드인 3을 차례대로 방문한다.
따라서 방문 순서는 $1 \to 2 \to 4 \to 8 \to 5 \to 6 \to 7 \to 3$이다.

15 정답 $1 \to 2 \to 4 \to 5 \to 7 \to 3 \to 8 \to 6$

1을 먼저 방문한 후 하위 노드인 2, 4, 5, 7을 차례대로 방문한다. 그 후에 2의 하위 노드인 3, 8을 차례대로 방문하고, 4의 하위 노드인 6을 방문한다.
따라서 방문 순서는 $1 \to 2 \to 4 \to 5 \to 7 \to 3 \to 8 \to 6$이다.

[16~20]

예제풀이

$a_1 = 4$, $a_2 = 4 \div 2 = 2$, $a_3 = 2 \div 2 = 1$
따라서 3번의 과정을 거치면 처음으로 1에 도달한다.

16 정답 9번

$a_1 = 6$, $a_2 = 6 \div 2 = 3$, $a_3 = 3 \times 3 + 1 = 10$, $a_4 = 10 \div 2 = 5$, $a_5 = 5 \times 3 + 1 = 16$, $a_6 = 16 \div 2 = 8$, $a_7 = 8 \div 2 = 4$, $a_8 = 4 \div 2 = 2$, $a_9 = 2 \div 2 = 1$
따라서 9번의 과정을 거치면 처음으로 1에 도달한다.

17 정답 4번

$a_1 = 8$, $a_2 = 8 \div 2 = 4$, $a_3 = 4 \div 2 = 2$, $a_4 = 2 \div 2 = 1$
따라서 4번의 과정을 거치면 처음으로 1에 도달한다.

18 정답 20번

$a_1 = 9$, $a_2 = 9 \times 3 + 1 = 28$, $a_3 = 28 \div 2 = 14$, $a_4 = 14 \div 2 = 7$, $a_5 = 7 \times 3 + 1 = 22$, $a_6 = 22 \div 2 = 11$, $a_7 = 11 \times 3 + 1 = 34$, $a_8 = 34 \div 2 = 17$, $a_9 = 17 \times 3 + 1 = 52$, $a_{10} = 52 \div 2 = 26$, $a_{11} = 26 \div 2 = 13$, $a_{12} = 13 \times 3 + 1 = 40$, $a_{13} = 40 \div 2 = 20$, $a_{14} = 20 \div 2 = 10$, $a_{15} = 10 \div 2 = 5$, $a_{16} = 5 \times 3 + 1 = 16$, $a_{17} = 16 \div 2 = 8$, $a_{18} = 8 \div 2 = 4$, $a_{19} = 4 \div 2 = 2$, $a_{20} = 2 \div 2 = 1$
따라서 20번의 과정을 거치면 처음으로 1에 도달한다.

19 정답 18번

$a_1=15$, $a_2=15\times3+1=46$, $a_3=46\div2=23$, $a_4=23\times3+1=70$, $a_5=70\div2=35$, $a_6=35\times3+1=106$, $a_7=106\div2=53$, $a_8=53\times3+1=160$, $a_9=160\div2=80$, $a_{10}=80\div2=40$, $a_{11}=40\div2=20$, $a_{12}=20\div2=10$, $a_{13}=10\div2=5$, $a_{14}=5\times3+1=16$, $a_{15}=16\div2=8$, $a_{16}=8\div2=4$, $a_{17}=4\div2=2$, $a_{18}=2\div2=1$

따라서 18번의 과정을 거치면 처음으로 1에 도달한다.

20 정답 8번

$a_1=21$, $a_2=21\times3+1=64$, $a_3=64\div2=32$, $a_4=32\div2=16$, $a_5=16\div2=8$, $a_6=8\div2=4$, $a_7=4\div2=2$, $a_8=2\div2=1$

따라서 8번의 과정을 거치면 처음으로 1에 도달한다.

[21~25]

예제풀이

출발	0	0	0	1	1
0	0	1	1	2	2
0	0	1	1	2	2
1	1	2	2	2	3
1	1	2	3	3	도착

따라서 획득할 수 있는 보석은 최대 3개이다.

21 정답 3개

출발	0	0	0	0	1
0	0	1	1	2	2
0	0	1	1	2	2
1	1	2	2	2	3
1	1	2	2	2	도착

따라서 획득할 수 있는 보석은 최대 3개이다.

22 정답 3개

출발	0	1	1	2	2
0	0	1	1	2	2
0	0	1	2	2	3
0	1	1	2	3	3
0	1	1	2	3	도착

따라서 획득할 수 있는 보석은 최대 3개이다.

23 정답 4개

출발	0	0	0	1	2
0	1	1	2	2	2
0	1	1	2	2	2
0	2	2	2	2	2
0	2	2	3	4	도착

따라서 획득할 수 있는 보석은 최대 4개이다.

24 정답 4개

출발	0	0	1	1	1
0	0	0	1	2	2
0	1	1	2	2	2
0	1	1	3	3	3
0	1	1	4	4	도착

따라서 획득할 수 있는 보석은 최대 4개이다.

25 정답 5개

출발	0	0	0	0	1
0	1	1	1	2	2
0	1	2	3	3	3
0	1	2	4	4	4
0	1	2	4	5	도착

따라서 획득할 수 있는 보석은 최대 5개이다.

[1~5]

예제풀이

왼쪽부터 낮 최고기온(°C)이 높은 순서대로 정렬한다.

7월 10일	7월 11일	7월 12일	7월 13일	7월 14일	7월 15일	7월 16일	정리 전
29.3	30.2	32.5	31.3	33.8	33.0	32.7	

7월 11일	7월 12일	7월 13일	7월 14일	7월 15일	7월 16일	7월 10일	1회전
30.2	32.5	31.3	33.8	33.0	32.7	29.3	

7월 12일	7월 13일	7월 14일	7월 15일	7월 16일	7월 11일	7월 10일	2회전
32.5	31.3	33.8	33.0	32.7	30.2	29.3	

7월 12일	7월 14일	7월 15일	7월 16일	7월 13일	7월 11일	7월 10일	3회전
32.5	33.8	33.0	32.7	31.3	30.2	29.3	

7월 14일	7월 15일	7월 16일	7월 12일	7월 13일	7월 11일	7월 10일	4회전
33.8	33.0	32.7	32.5	31.3	30.2	29.3	

01 정답 5회전

10월 12일	10월 13일	10월 14일	10월 15일	10월 16일	10월 17일	10월 18일	정리 전
20.3	21.7	20.2	19.8	19.2	20.5	21.6	

10월 13일	10월 12일	10월 14일	10월 15일	10월 17일	10월 18일	10월 16일	1회전
21.7	20.3	20.2	19.8	20.5	21.6	19.2	

10월 13일	10월 12일	10월 14일	10월 17일	10월 18일	10월 15일	10월 16일	2회전
21.7	20.3	20.2	20.5	21.6	19.8	19.2	

10월 13일	10월 12일	10월 17일	10월 18일	10월 14일	10월 15일	10월 16일	3회전
21.7	20.3	20.5	21.6	20.2	19.8	19.2	

10월 13일	10월 17일	10월 18일	10월 12일	10월 14일	10월 15일	10월 16일	4회전
21.7	20.5	21.6	20.3	20.2	19.8	19.2	

10월 13일	10월 18일	10월 17일	10월 12일	10월 14일	10월 15일	10월 16일	5회전
21.7	21.6	20.5	20.3	20.2	19.8	19.2	

02 정답 2회전

11월 27일	11월 28일	11월 29일	11월 30일	12월 1일	12월 2일	12월 3일	
10.1	9.7	9.9	8.5	8.8	9.5	9.3	정리 전

11월 27일	11월 29일	11월 28일	12월 1일	12월 2일	12월 3일	11월 30일	
10.1	9.9	9.7	8.8	9.5	9.3	8.5	1회전

11월 27일	11월 29일	11월 28일	12월 2일	12월 3일	12월 1일	11월 30일	
10.1	9.9	9.7	9.5	9.3	8.8	8.5	2회전

03 정답 1회전

1월 15일	1월 16일	1월 17일	1월 18일	1월 19일	1월 20일	1월 21일	
-2.7	-4.7	-3.5	-4.9	-7.2	-5.2	-8.6	정리 전

1월 15일	1월 17일	1월 16일	1월 18일	1월 20일	1월 19일	1월 21일	
-2.7	-3.5	-4.7	-4.9	-5.2	-7.2	-8.6	1회전

04 정답 2회전

3월 1일	3월 2일	3월 3일	3월 4일	3월 5일	3월 6일	3월 7일	
13.2	11.2	13.8	10.3	12.5	12.0	11.6	정리 전

3월 1일	3월 3일	3월 2일	3월 5일	3월 6일	3월 7일	3월 4일	
13.2	13.8	11.2	12.5	12.0	11.6	10.3	1회전

3월 3일	3월 1일	3월 5일	3월 6일	3월 7일	3월 2일	3월 4일	
13.8	13.2	12.5	12.0	11.6	11.2	10.3	2회전

05 정답 5회전

6월 22일	6월 23일	6월 24일	6월 25일	6월 26일	6월 27일	6월 28일	
31.3	30.2	29.8	32.5	30.0	28.7	31.7	정리 전

6월 22일	6월 23일	6월 25일	6월 26일	6월 24일	6월 28일	6월 27일	
31.3	30.2	32.5	30.0	29.8	31.7	28.7	1회전

6월 22일	6월 25일	6월 23일	6월 26일	6월 28일	6월 24일	6월 27일	
31.3	32.5	30.2	30.0	31.7	29.8	28.7	2회전

6월 25일	6월 22일	6월 23일	6월 28일	6월 26일	6월 24일	6월 27일	
32.5	31.3	30.2	31.7	30.0	29.8	28.7	3회전

6월 25일	6월 22일	6월 28일	6월 23일	6월 26일	6월 24일	6월 27일	
32.5	31.3	31.7	30.2	30.0	29.8	28.7	4회전

6월 25일	6월 28일	6월 22일	6월 23일	6월 26일	6월 24일	6월 27일	
32.5	31.7	31.3	30.2	30.0	29.8	28.7	5회전

[6~10]

예제풀이

처음 위치는 5번째 계단이고, 게임 실행 후 위치는 10번째 계단이므로 5칸 올라갔다.
홀수 눈으로 5회 이기고, 짝수 눈으로 1회 지면 $(3 \times 5) + (-10 \times 1) = 5$칸 움직인다.
따라서 $N = 5 + 1 = 6$이다.

06 정답 4

처음 위치는 10번째 계단이고, 게임 실행 후 위치는 9번째 계단이므로 1칸 내려갔다.
홀수 눈으로 3회 이기고, 짝수 눈으로 1회 지면 $(3 \times 3) + (-10 \times 1) = -1$칸 움직인다.
따라서 $N = 3 + 1 = 4$이다.

07 정답 5

처음 위치는 10번째 계단이고, 게임 실행 후 위치는 12번째 계단이므로 2칸 올라갔다.
홀수 눈으로 4회 이기고, 짝수 눈으로 1회 지면 $(3 \times 4) + (-10 \times 1) = 2$칸 움직인다.
따라서 $N = 4 + 1 = 5$이다.

08 정답 2

처음 위치도 7번째 계단이고, 게임 실행 후 위치도 7번째 계단이므로 위치의 변화가 없다.
홀수 눈으로 1회 이기고 이어서 1회 지거나, 짝수 눈으로 1회 이기고 이어서 1회 지면 변화가 없다.
따라서 $N = 1 + 1 = 2$이다.

09 정답 2

처음 위치는 1번째 계단이고, 게임 실행 후 위치는 21번째 계단이므로 20칸 올라갔다.
짝수 눈으로 2회 이기면 $10 \times 2 = 20$칸 움직인다.
따라서 $N = 2$이다.

10 정답 16

처음 위치는 25번째 계단이고, 게임 실행 후 위치는 150번째 계단이므로 125칸 올라갔다.
홀수 눈으로 5회 이기고, 짝수 눈으로 11회 이기면 $(3 \times 5) + (10 \times 11) = 125$칸 움직인다.
따라서 $N = 5 + 11 = 16$이다.

예제풀이

가장 위쪽 루트 노드인 A를 탐색한다. 그다음 하위 계층인 노드 B, C를 탐색하고, 그다음 계층인 노드 D, E를 탐색한다.
따라서 탐색 순서는 A → B → C → D → E이므로 C는 3번째에서 찾을 수 있다.

11 　정답　 4번째

가장 위쪽 루트 노드인 A를 탐색한다. 그다음 하위 계층인 노드 F, D를 탐색하고, 그다음 계층인 노드 B, E, C를 탐색한다.
따라서 탐색 순서는 A → F → D → B → E → C이므로 B는 4번째에서 찾을 수 있다.

12 　정답　 4번째

가장 위쪽 루트 노드인 L을 탐색한다. 그다음 하위 계층인 노드 D, J를 탐색하고, 그다음 계층인 노드 K, N, M, P를 탐색한다.
따라서 탐색 순서는 L → D → J → K → N → M → P이므로 K는 4번째에서 찾을 수 있다.

13 　정답　 6번째

가장 위쪽 루트 노드인 A를 탐색한다. 그다음 하위 계층인 노드 C, B, E를 탐색하고, 그다음 계층인 노드 F, D, G, H, I를 탐색한다.
따라서 탐색 순서는 A → C → B → E → F → D → G → H → I이므로 D는 6번째에서 찾을 수 있다.

14 　정답　 6번째

가장 위쪽 루트 노드인 Z를 탐색한다. 그다음 하위 계층인 노드 R, X, A를 탐색하고, 그다음 계층인 노드 M, W, Q, D, I를 탐색한다. 이어서 그다음 계층인 노드 O, L, K를 탐색한다.
따라서 탐색 순서는 Z → R → X → A → M → W → Q → D → I → O → L → K이므로 W는 6번째에서 찾을 수 있다.

15 　정답　 12번째

가장 위쪽 루트 노드인 L을 탐색한다. 그다음 하위 계층인 노드 B, M, R을 탐색하고, 그다음 계층인 노드 P, E, I, G, K를 탐색한다. 이어서 그다음 계층인 노드 H, T, U, D를 탐색한다.
따라서 탐색 순서는 L → B → M → R → P → E → I → G → K → H → T → U → D이므로 U는 12번째에서 찾을 수 있다.

[16~20]

예제풀이

주어진 수에서 1이 될 때까지 2씩 차감시키며 배열을 형성한다.

등차수열의 합(S_n) : $\dfrac{n\{2a+(n-1)d\}}{2}$ (n : 항의 개수, a : 초항, d : 공차)

항의 개수(n) : $\dfrac{(\text{마지막 항}-\text{처음 항})}{\text{공차}}+1$

마지막 항이 5이고 처음 항이 1이므로, 항은 $n=\dfrac{5-1}{2}+1=3$개이다.

따라서 포도 전체의 포도알 개수는 $\dfrac{3\times\{2\times1+(3-1)\times2\}}{2}=9$개이다.

16 정답 25개

마지막 항이 9이고 처음 항이 1이므로, 항은 $n=\dfrac{9-1}{2}+1=5$개이다.

따라서 포도 전체의 포도알 개수는 $\dfrac{5\times\{2\times1+(5-1)\times2\}}{2}=25$개이다.

17 정답 81개

마지막 항이 17이고 처음 항이 1이므로, 항은 $n=\dfrac{17-1}{2}+1=9$개이다.

따라서 포도 전체의 포도알 개수는 $\dfrac{9\times\{2\times1+(9-1)\times2\}}{2}=81$개이다.

18 정답 144개

마지막 항이 23이고 처음 항이 1이므로, 항은 $n=\dfrac{23-1}{2}+1=12$개이다.

따라서 포도 전체의 포도알 개수는 $\dfrac{12\times\{2\times1+(12-1)\times2\}}{2}=144$개이다.

19 정답 900개

마지막 항이 59이고 처음 항이 1이므로, 항은 $n=\dfrac{59-1}{2}+1=30$개이다.

따라서 포도 전체의 포도알 개수는 $\dfrac{30\times\{2\times1+(30-1)\times2\}}{2}=900$개이다.

20 정답 3,844개

마지막 항이 123이고 처음 항이 1이므로, 항은 $n=\dfrac{123-1}{2}+1=62$개이다.

따라서 포도 전체의 포도알 개수는 $\dfrac{62\times\{2\times1+(62-1)\times2\}}{2}=3,844$개이다.

예제풀이

- A → C → E : 13
- A → B → E : 14
- A → D → B → E : 16

- A → C → B → E : 19
- A → B → C → E : 12
- A → D → B → C → E : 14

따라서 시작 지점에서 목표 지점까지 배관 연결 시 최소 비용은 12이다.

21 정답 6

- A → B : 6
- A → C → E → B : 21

- A → C → B : 11
- A → D → B : 8

따라서 시작 지점에서 목표 지점까지 배관 연결 시 최소 비용은 6이다.

22 정답 8

- A → C : 9
- A → B → E → C : 18
- A → D → B → E → C : 20

- A → B → C : 8
- A → D → B → C : 10

따라서 시작 지점에서 목표 지점까지 배관 연결 시 최소 비용은 8이다.

23 정답 7

- C → A → D : 12
- C → B → D : 7
- C → E → B → D : 17

- C → A → B → D : 20
- C → B → A → D : 11
- C → E → B → A → D : 21

따라서 시작 지점에서 목표 지점까지 배관 연결 시 최소 비용은 7이다.

24 정답 11

- D → B → E : 13
- D → B → A → C → E : 24
- D → A → C → E : 16
- D → A → C → B → E : 22

- D → B → C → E : 11
- D → A → B → E : 17
- D → A → B → C → E : 15

따라서 시작 지점에서 목표 지점까지 배관 연결 시 최소 비용은 11이다.

25 정답 6

- E → B : 8
- E → C → A → B : 19

- E → C → B : 6
- E → C → A → D → B : 21

따라서 시작 지점에서 목표 지점까지 배관 연결 시 최소 비용은 6이다.

PART 2

최종점검 모의고사

무언가를 위해 목숨을 버릴 각오가 되어 있지 않는 한
그것이 삶의 목표라는 어떤 확신도 가질 수 없다.

- 체 게바라 -

2024 시대에듀 All-New 13기 모집대비
싸피 SSAFY(삼성 청년 SW아카데미)
SW적성진단 CT 주관식 단기완성

개정4판1쇄 발행	2024년 09월 20일 (인쇄 2024년 08월 28일)
초 판 발 행	2022년 05월 10일 (인쇄 2022년 04월 19일)
발 행 인	박영일
책 임 편 집	이해욱
편 저	SDC(Sidae Data Center)
편 집 진 행	여연주 · 안희선
표지디자인	하연주
편집디자인	최미림 · 장성복
발 행 처	(주)시대고시기획
출 판 등 록	제10-1521호
주 소	서울시 마포구 큰우물로 75 [도화동 538 성지 B/D] 9F
전 화	1600-3600
팩 스	02-701-8823
홈 페 이 지	www.sdedu.co.kr
I S B N	979-11-383-7742-3 (13320)
정 가	23,000원

SSAFY

삼성 청년 SW아카데미
SW적성진단

CT 주관식 | 단기완성

대기업 인적성 "기출이 답이다" 시리즈

역대 기출문제와 주요기업 기출문제를 한 권에! 합격을 위한

Only Way!

대기업 인적성 "봉투모의고사" 시리즈

실제 시험과 동일하게 마무리! 합격으로 가는

Last Spurt!

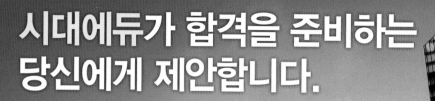